LES

INFAMES

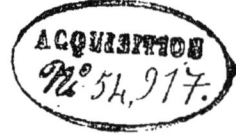

LOUIS-NAPOLÉON BONAPARTE

DEPUIS SA NAISSANCE

JUSQU'A SON EXIL A CHISLEHURST.

SES COMPLICES

BRUXELLES,

AU BUREAU DU PETIT JOURNAL

26, rue de l'Écuyer, 26.

1871

BRUXELLES

IMPRIMERIE DE H. D. REVNDERS

rue du Marais, 51

SOMMAIRE.

LES INFAMES

EXPLICATION INDISPENSABLE AU LECTEUR.

Devant tant de honte et de crimes accumulés depuis vingt ans sur notre pauvre France, nous avons cru qu'il était de notre devoir de bon citoyen de faire connaître et propager dans le monde entier toutes les turpitudes, toutes les ignominies que nous ont légué Bonaparte et ses complices.

L'Empire nous avait gardé vingt années sous le régime de la force, et aussi sous le régime de l'espionnage.

Ne parlez pas si haut, disait-on de suite en conversation avec un ami, si l'on allait nous entendre !

*
* *

Quelle crainte, quelle appréhension. L'Empire nous avait si bien habitué à cette peur continuelle, qu'aujourd'hui encore c'est à peine si l'on ose s'aborder pour maudire tout haut le régime déchu.

N'ayez crainte, citoyens, Piétri est en fuite, et la police est faite par des citoyens honnêtes, elle ne s'occupe qu'à rechercher les voleurs, les assassins, en un mot les gens tarés de la société.

La presse aussi était bâillonnée. Aucun écrivain n'osait exprimer franchement son opinion, il était même défendu de relater dans les journaux ou autres écrits les faits qui se passaient au vu et au su de tout le monde. Un simple mot qui déplaisait au gouvernement faisait déférer le journaliste ou l'écrivain aux tribunaux ou siégeaient les Grandperret, les Deslesvaux, les Zangiacomi, les Devienne,

De tels hommes étaient chargés de rendre la justice en France.

Aussi, voici comment la presse anglaise appréciait ceux que l'Empire appelait aux premières fonctions de l'État.

*
* *

« Qu'est-ce que cette magistrature adultère qui se
» donne à tous les passants, ne se refuse à personne,
» qui ne connaît ni le frein de la raison, ni les obli-
» gations du cœur, ni les ménagements de la pudeur,
» qui passe, comme Hélène, dans les bras de tous
» les ravisseurs, qui a des sourires, des révérences,
» des louanges, des serments pour quiconque a la
» clef du trésor et des rigueurs pour les amis restés
» fidèles à tous ceux qu'elle a trahis ! »

Aussi que de crimes ont été commis par ceux-la
mêmes qui étaient sûrs de l'impunit.

Nous avons cherché, fureté partout, nous avons
recueilli un à un des documents curieux que nous
nous empressons de livrer à la publicité. La France
a recouvré maintenant son entière liberté de la
presse, et personne n'a intérêt à cacher la vérité.
Nous indiquons dans le cours de cet ouvrage, la
source où nous avons puisé nos renseignements.
Quelques pages copiées (1) sont grossièrement écrites
mais nous avons jugé indispensable de les repro-
duire textuellement, parce qu'elles ont ainsi l'autorité de l'écrivain qui jouait en même temps un rôle
actif dans les crimes qu'il raconte.

Nous voulons flétrir celui qui vient de ruiner,

(1) *Mémoires de Griscelli.*

d'amoindrir la France en appelant toujours le mensonge à son aide ; celui qui écrivait à Ham les lignes suivantes :

« Si l'humanité permet qu'on hasarde la vie de
» millions d'hommes sur les champs de bataille pour
» défendre sa nationalité et son indépendance, elle
» flétrit et condamne ces guerres immorales qui
» font tuer des hommes dans le seul but d'influencer
» l'opinion publique et de soutenir par quelque
» expédient un pouvoir toujours dans l'em-
» barras. »

De tels écrits n'ont pas besoin de commentaires. L'homme est jugé. *C'est un infâme!* Ses complices sont *des infâmes !*

I

Sa naissance. — Son éducation.

Bonaparte, qui fut empereur des Français, naquit le 20 mars 1808. Sa mère, Hortense de Beauharnais, la fille de Joséphine, avait épousé Louis Bonaparte que son frère Napoléon avait placé sur le trône de Hollande. Cette union ne fut pas heureuse. Louis Bonaparte constate lui-même, dans le récit du mariage de sa mère, que jamais deux époux ne conçurent plus vivement le pressentiment de toutes les horreurs d'un mariage forcé mal assorti.

Mlle de Beauharnais s'était éprise et s'attendait à épouser le général Duroc. Van Scheelten raconte ainsi le refus de Duroc d'épouser Hortense. Un soir, le premier consul fait appeler son secrétaire et lui dit : « Tout à l'heure, quand Duroc arrivera aux Tuileries, dites lui que je veux qu'il épouse Hortense et qu'il l'épousera..... dans deux jours au plus tard. Je lui donnerai cent mille francs de dot et le commandement d'une division militaire. » Duroc répondit qu'il n'était pas disposé à jouer le rôle de Georges Dandin et qu'il refusait net cette union.

Six ans plus tard, le 30 avril 1808, naquit Charles-Louis-Napoléon, à Paris. Jamais son prétendu père, le roi de Hollande, ne voulut le voir à la cour de La Haye, la voix du sang ne parlait pas. L'amiral Wéruhel fit visite à la reine.

Hortense, après la chute de Napoléon, passa la plus grande partie de sa vie à conspirer contre les gouvernements établis en France. La Restauration avait exclus tous les Bonapartes du sol de la patrie.

L'ex-reine de Hollande s'appliqua alors à donner à son fils Louis une éducation en rapport avec la situation qu'elle espérait lui faire reconquérir un jour. Philippe Lebas, fils du conventionnel qui s'était voué aux études savantes, fut attaché comme précepteur auprès du jeune prétendant; puis, M. Narcisse Vieillard, ancien officier d'artillerie, compléta son éducation militaire.

C'est probablement à l'étude toute spéciale de l'artillerie que lui fit faire M. Vieillard, que Louis Bonaparte se crut *le plus grand artilleur* de son époque et nous valu nos récents désastres par suite de l'infériorité de nos canons sur les Krupp prussiens.

II

Strasbourg et Boulogne.

Depuis quelques temps, Hortense voyait le moment venu
de pousser son fils dans une tentative de révolution pour
renverser le gouvernement de Louis-Philippe qui lui avait
toujours accordé aide et protection chaque fois qu'elle
s'était adressée à lui ; elle habitait Bade, où Louis recevait
la visite fréquente du colonel Vaudrey, commandant le
4ᵐᵉ régiment d'artillerie, à Strasbourg, que le gouvernement de la Restauration avait écarté de l'armée par suite de
ses opinions bonapartistes et qui avait été rappelé au service par le roi Louis-Philippe. Vaudrey avait sollicité diverses faveurs du gouvernement et il conservait une haine
profonde par suite des refus opiniâtres qui l'avaient humilié.
Il se voua corps et âme à la cause de Bonaparte ; il y fut, du
reste, aussi entraîné par une femme jeune encore, et qui a
exercé une énorme influence sur la tentative faite à Strasbourg.

Mme Gordon fut un des auxiliaires les plus actifs de cette folle entreprise. Un jeune lieutenant de pontonnier, M. Armand Laity, vint grossir le petit groupe des gens qui s'étaient rallié autour de Bonaparte et de son ami Fialin, que nous retrouverons plus tard sous le nom de duc de Persigny. Celui-ci explique le choix fait de la ville de Strasbourg pour commencer avantageusement l'entreprise.

Le plan du prince consistait, dit-il, à se jeter inopinément au milieu d'une grande place de guerre, à y rallier le peuple et la garnison par le prestige de son nom, l'ascendant de son audace, et de se porter aussitôt, à marches forcées, sur Paris, avec toutes les forces disponibles, entraînant sur sa route, troupes et gardes nationaux, peuples des villes et des campagnes, enfin tout ce qui serait électrisé par la magie d'un grand spectacle et le triomphe d'une grande cause. Strasbourg était bien la ville la plus favorable à l'exécution de ce projet. Une population patriote, ennemie d'un gouvernement qui s'est vu contraint de licencier sa garde nationale; une garnison de huit à dix mille hommes, une artillerie considérable, un arsenal immense de ressources de toute espèce, faisant de cette place importante une base d'opération qui, une fois acquise à la cause populaire, pouvait amener les plus grands résultats. La nouvelle d'une révolution faite à Strasbourg par le neveu de l'empereur, au nom de la liberté et de la souveraineté du peuple, eut embrasé toutes les têtes. Si l'on se rendait maître de cette ville, la garde nationale était immédiatement organisée pour faire elle seule le service de la place et veiller à la garde de ses remparts. La jeunesse de la ville et des écoles, formée en corps de volontaires, se réunissait à la garnison. Le jour même où cette grande révolution s'accomplissait, tout s'organisait de manière à partir le lendemain pour marcher sur Paris, avec plus de douze mille hommes, près de cent pièces de canon, dix à douze millions de numéraire et un convoi d'armes considérable pour armer la population sur la route.

L'exemple de Strasbourg entraînait toute l'Alsace et ses garnisons. La ligne à parcourir traverse les Vosges, la Lorraine, la Champagne : Que de grands souvenirs réveillés...

Nous n'engageons pas M. de Persigny à parcourir aujourd'hui la ligne des Vosges, de la Lorraine et de la Champagne : *Que de grands souvenirs réveillés!!!*

Cette échauffourée de Strasbourg ne fut absolument que ridicule. Le roi Louis-Philippe fit grâce au conspirateur et lui ordonna simplement de se rendre en Amérique, où il serait libre. Il fut embarqué à Lorient, sur la frégate l'*Andromède*. M. Villemain, alors sous-préfet à Lorient, vint le visiter à bord et s'informa s'il avait besoin d'argent pour faire face à ses premiers besoins en Amérique. Louis-Napoléon accepta seize mille francs en or, de la part du roi, et chargea M. Villemain de lui transmettre ses remercîments. De son côté, Fialin avait échappé aux recherches de la police après l'attentat de Strasbourg.

Louis-Napoléon résidait depuis quatre mois en Amérique, en quête d'une position quelconque, lorsqu'une lettre de sa mère mourante vint le rappeler en Europe. Il gagna secrètement Arenenberg et arriva juste à temps pour assister à la mort de sa mère, le 5 octobre 1837. Louis Bonaparte se retira alors en Angleterre. Que pouvait faire un Bonaparte à Londres, à moins de conspirer? Aussi le prince Louis s'empresse-t-il de fonder à Paris un journal entièrement bonapartiste, intitulé le *Capitole*. La polémique soutenue dans ce journal devait faire pressentir au gouvernement de juillet que le vaincu de Strasbourg préparait une nouvelle tentative; en effet, sous prétexte de faire un voyage d'agrément sur les côtes d'Écosse, Napoléon loue un bateau à vapeur à une société anglaise et vient débarquer devant Boulogne, le 5 août 1840.

Voici copie du plan de campagne saisi comme preuve de conviction dans le portefeuille du colonel Voisin, l'un des conjurés :

« Entrer dans le port de Vimereux à marée montante,
» s'emparer des douaniers ; arrêter tout ce qu'on rencon-
» trera en chemin. Aller droit à Wimille, prendre des
» voitures.

» Marcher sur le château, ayant une avant-garde com-
» mandée par Laborde, Bataille, aide de camp, Persigny,
» sergent-major, et six hommes.

» Parlementer avec le garde du château Choulems. Le
» château pris, y laisser deux hommes, dont l'un se tiendra
» en dedans et gardera les clefs ; l'autre fera sentinelle en
» dehors.

» Le capitaine Dunin commandera l'arrière-garde, com-
» posée de Conneau, sergent-major, et dix hommes. A son
» arrivée à la haute ville, il prendra les dispositions sui-
» vantes :

» 1° Fermer la porte de Calais ;

» 2° S'établir militairement à la porte de l'Esplanade ;

» 3° Fermer la porte de Paris ;

» 4° Poser une sentinelle sur la place d'Armes, au point
» de repère des trois portes, pour être prévenu à temps de
» ce qui pourrait survenir ;

» 5° Le corps principal s'emparera de l'hôtel de ville, où
» il y a cinq cents fusils, et, chemin faisant, on enlèvera
» le poste de l'église Saint-Nicolas, où se trouve dix
» hommes et un officier ; on se dirigera sur la caserne, et,
» avant d'y pénétrer, des sentinelles seront placées sur
» toutes les issues pour en interdire les approches.

» Ces diverses opérations seront faites dans le plus profond
» silence ; mais une fois la troupe enlevée, on viendra s'éta-
» blir à l'hôtel de ville ; on fera sonner le tocsin, on répandra
» les proclamations et on prendra les dispositions suivantes :

» 1° S'emparer de la poste aux chevaux ;

» 2° S'emparer de la douane ;

» 3° S'emparer du sous-préfet ;

» 4° S'emparer des caisses publiques ;

» 5° S'emparer du télégraphe.

» La haute ville sera indiquée comme lieu de rassemblement.

» MM. le colonel Laborde et le capitaine Desjardin
s'occuperont chacun de la formation immédiate d'un bataillon de volontaires qu'ils rassembleront sur la place
d'Armes, devant l'hôtel de ville. A cet effet, ils nommeront
des capitaines chargés de recruter chacun cent hommes.
Ces capitaines nommeront leur sergent-major, et les volon-

taires choisiront leurs sous-officiers, ainsi qu'un sous-lieutenant et un lieutenant. Ces compagnies de volontaires
auront un effectif de cent hommes, compris un sergent-
major, quatre sergents, un fourrier et huit caporaux.

» Aussitôt qu'une compagnie sera formée, on la con-
duira sur la place des Tintelleries et on la fera monter sur
les voitures. »

« L'escorte de Louis Bonaparte se divisa la besogne. Le
sous-intendant Galvani fut chargé de se procurer les voitures et la nourriture. Orsi fut chargé de s'emparer des
caisses publiques et du sous-préfet. Le colonel Laborde devait surprendre la poste aux chevaux ; le colonel Nébru
était chargé de la réorganisation de l'administration civile
et militaire et de la garde nationale ; M. Flandrin devait
détruire le télégraphe de Saint-Tricat ; le colonel Mautauban
était chargé de suspendre le poste des douaniers ; le colonel
Vaudrey devait s'emparer des armes, des canons et des mu-
nitions, et en faire la distribution ; le colonel Parquin devait
requisitionner des chevaux de selle, il avait sous ses ordres
M. Fialin. Le capitaine de Querelles reçut le commandement de la compagnie de guides composée de cinquante
hommes ; le commandant Maisonnant fut chargé du service
de l'état-major.

» Le matin du 6 août, vers les deux heures, le débarquement commença. La côte de Wimereux ne permettant
pas au bateau d'approcher de terre, il fallut se servir du
canot ; les hommes n'arrivaient que par escouades, et les
premiers faillirent être victimes de leur empressement. Si
un poste de douaniers, qui accourut, ne s'était pas laissé

tromper par l'uniforme, le numéro des boutons et le récit
d'un événement de mer qui forçait les conjurés à prendre
terre, ils pouvaient devenir prisonniers ; mais, après le débarquement de toute la troupe, ce furent les douaniers qui
durent, à leur tour, céder à la force. On les amena avec le
cortége, mais sans pouvoir les corrompre ; ils restèrent
fidèles, malgré l'offre d'une pension de 1,200 francs que
Louis Bonaparte fit faire à leur chef.

» Cet accueil, qui n'était guère en rapport avec l'enthousiasme universel auquel s'attendaient les conjurés, fut suivi
d'une déception encore plus sensible. Les intrigues liées et
suivies en France dans les deux dernières années leur
avaient persuadé qu'ils pourraient compter sur le zèle et
l'activité d'un grand nombre de partisans. Plusieurs émis-
saires, entre autres les inculpés Forestier et Bataille, avaient
pris les devants et apporté dans les jours précédents, à
Boulogne même, la nouvelle du débarquement. Ils étaient
de leur personne sur la plage au moment où il s'opérait ;
mais ils s'y trouvèrent à peu près seuls : ni soldats ni
citoyens ne les avaient accompagnés. Tous les efforts de la
conjuration n'avaient abouti qu'à séduire un jeune lieutenant du 42me, Aladenize, que l'exaltation de ses idées rendait facile à tromper.

» Les conjurés, en ne trouvant sur le port de Wimereux,
avec Forestier et Bataille, que le lieutenant Aladenize, ne
purent se rassurer que par la confiance qu'ils avaient dans
son influence sur les deux compagnies de son régiment en
garnison à Boulogne.

» La troupe, conduite par Louis Bonaparte, se range

autour du drapeau tricolore surmonté d'un aigle, et rappellant par des inscriptions les grandes victoires de l'empereur. C'était le nommé Lombard qui le portait. Elle se met en marche et arrive sans nouvel incident dans la ville de Boulogne, rue d'Alton, où se trouvait un petit poste du 42me. Trompé par les épaulettes et les uniformes, ce poste avait pris les armes. Le commandant Parquin se détache et lui propose de suivre le mouvement. Son chef, le sergent Morange, lui répond sans hésiter qu'il ne marchera que sur un ordre du commandant de la place. Les conjurés passent outre. C'est à la caserne qu'ils croient triompher. Ils y arrivent à cinq heures du matin. Le lieutenant Aladenize les y avait précédés. Déjà il faisait battre le rappel. Les soldats prenaient les armes; ils se mettaient en bataille, surpris par les cris de *Vive l'empereur!* et par la nouvelle inattendue que Louis-Philippe cesse de régner. *A Paris!* leur crie-t-on, *A Paris!* Des proclamations leur sont jetées et l'argent est distribué à pleines mains; le prince se fait reconnaître, il prodigue les promesses. Tous les sergents sont nommés capitaines, tous les soldats sen décorés.

» Que faisaient cependant les officiers pendant que leurs soldats étaient livrés aux plus dangereuses suggestions? Il n'y avait pas malheureusement de logement pour eux à la caserne, le lieutenant Ragou seul y demeurait. Aussitôt informé, et n'ayant pas assez de confiance dans son influence personnelle sur l'esprit des soldats. Il avait couru au plus vite chez le capitaine Col-Puygellier. Le sous-lieutenant de Maussion venait de rencontrer les conjurés, et avait refusé de les suivre, malgré l'insistance du prince lui-même.

» Il s'était aussi rendu chez le capitaine ; celui-ci volait aussitôt vers la caserne. Un grenadier, portant le numéro du 40ᵐᵉ, veut l'arrêter ; il l'écarte en disant que ce n'est pas le 40ᵐᵉ qui fait la police. Il arrive à quelques pas de la porte, obstruée plutôt que gardée par les nouveaux venus. Un homme portant l'uniforme et les insignes de chef de bataillon va droit à lui et s'écrie : « Capitaine, le prince Louis est ici : soyez des nôtres, votre fortune est faite. » Le capitaine lui répond en mettant le sabre à la main, et manifestant vivement par ses gestes et ses paroles la résolution d'arriver à sa troupe. Il est saisi de toutes parts ; plusieurs personnes s'emparent de son bras armé ; il pousse, il résiste de tous côtés pour se débarrasser des obstacles et arriver à ses soldats. Avant d'y parvenir, et tout en continuant ses valeureux efforts, il essaie d'éclairer les conjurés eux-mêmes. « On vous trompe, disait-il, apprenez qu'on vous porte à trahir. » Sa voix est étouffée par les cris de *Vive le prince Louis !* « Où est-il donc ? » s'écrie-t-il à son tour. Alors se présente à lui un homme de petite taille, blond et paraissant avoir trente ans, couvert d'un chapeau, portant des épaulettes d'officier supérieur et un crachat. Il lui dit : « Capitaine, me voilà, je suis le prince Louis ; soyez des nôtres, et vous aurez tout ce que vous voudrez. » Le capitaine l'interrompt : « Prince Louis ou non, je ne vous connais pas ; je ne vois en vous qu'un conspirateur... qu'on évacue la caserne. » Tout en s'exprimant ainsi, M. Col-Puygellier continuait ses efforts. Ne pouvant parvenir à ses soldats, il veut au moins essayer de se faire entendre : « Eh bien ! assassinez-moi, ou je ferai mon devoir. » Sa voix parvient alors à Aladenize, qui accourt, et le couvrant de ses bras, s'écrie énergique : « Ne tirez pas, respectez le capitaine, je réponds de ses jours. »

« Cette brûlante et vive altercation attire enfin l'attention des deux compagnies du 42me. Les sous-officiers accourent à la voix de leur chef ; ils l'aident à se dégager des mains des conjurés, qui font un mouvement en arrière. M. le capitaine Puygellier, d'une voix forte, s'écrie : « On » vous trompe, *Vive le roi !* » Mais l'ennemi rentre à rangs serrés, Louis Bonaparte en tête. M. le capitaine Puygellier se porte vivement à sa rencontre, lui signifie de se retirer, ajoute qu'il va employer la force, et, pour toute réponse, lorsqu'il est retourné vers sa troupe, il entend la détonation d'un pistolet que Louis Bonaparte tenait dans la main, et dont la balle va frapper un des grenadiers à la figure.

» Soit que les conjurés aient été alors bien convaincus de la ferme résolution du capitaine d'employer la force dont il disposait, soit que le coup de pistolet, attribué d'abord au hasard, à un accident, à un mouvement involontaire plutôt qu'à la préméditation, eut changé leurs dispositions, ce coup de feu devint le signal de leur retraite de la caserne. Ils l'effectuèrent en ordre, sans être poursuivis, mais sans renoncer encore à leur projet. Après avoir échoué auprès de la garnison, ils osèrent compter sur la population, dont ils se croyaient si follement toutes les sympathies.

» C'est vers la haute ville que marchent les conjurés,

semant des proclamations et de l'argent, aux cris de *Vive l'empereur!* Louis Bonaparte, veut s'emparer du château et y prendre des armes pour les distribuer à la population. Le sous-préfet, prévenu à temps, marche à leur rencontre, et, au nom du roi, leur intime l'ordre de se séparer. Lombard lui répond par un coup de l'aigle qui surmontait le drapeau. Ils continuent leur marche, un instant interrompue, vers la haute ville. Les portes en avaient été fermées par les ordres du sous-préfet et du commandant de place. Les conjurés essaient de les enfoncer. Deux haches sont inutilement dirigées contre cette clôture. Il faut renoncer à cette autre partie du plan, et il ne reste plus aux conjurés qu'à fuir, qu'à regagner leur embarcation ; mais, soit que, dans leur délire, ils gardent encore quelqu'espoir d'entraîner la population, soit que la confusion et le désespoir les égarent, soit qu'ils cherchent une mort que ce lieu aurait la puissance d'ennoblir, ils marchent à la colonne élevée sur le rivage à la gloire de la grande armée.

» La distance est parcourue sans obstacle. Arrivés au pied de la colonne, les conjurés veulent constater leur prise de possession par la plantation du drapeau sur le sommet. Celui qui le porte, Lombard, pénètre dans l'intérieur et se met en devoir d'en gravir les degrés ; les autres font des dispositions pour se défendre contre la force publique, qu'ils voient arriver de toutes parts. En effet, le capitaine Col-Puygellier avait fait battre la générale, distribué des cartouches et mis sa troupe à la poursuite des rebelles. (Le sous-préfet, le maire, les adjoints, le colonel et les

principaux officiers de la garde nationale s'étaient mis de la partie et amenaient les gardes nationaux de bonne volonté.)

» Mais les conjurés, à la vue de cet accord dans la défense entre la troupe et la population, n'avaient pas tardé à se débander. Ils laissèrent Lombard dans la colonne, où deux citoyens de Boulogne le firent prisonnier, et ils s'enfuirent, les uns vers le rivage, où ils essayèrent de gagner le bateau qui les avait portés, les autres vers la ville ou dans les campagnes.

» Les premiers, parmi lesquels étaient Louis Bonaparte, le colonel Voisin, Faure, Mésonan, Persigny, d'Hunin, parvinrent à entrer dans un canot, qu'ils s'efforcèrent de pousser au large. Ils ne voulurent pas s'arrêter, sur l'ordre qui leur en fut donné ; on tira sur eux quelques coups de fusil, qui blessèrent le colonel Voisin et tuèrent le sieur Faure. Le mouvement qui s'opéra dans le canot le fit chavirer. D'Hunin se noya. Les autres se mirent en devoir de gagner à la nage le paquebot ; mais le commandant du port, Pollet, qui avait été dépêché pour le saisir, les ayant aperçus, les retira de l'eau et les fit prisonniers. Presque tous ceux qui s'étaient sauvés dans les rues de la ville ou dans les campagnes éprouvèrent le même sort. »

Cette triste comédie n'avait pas duré longtemps. Bonaparte et ses complices, qui s'étaient présentés à la caserne de Boulogne à six heures du matin, étaient tous arrêtés à huit heures. Louis Bonaparte, trempé jusqu'au os par suite de son bain forcé, fut enfermé immédiatement au château de Boulogne.

Nous avons oublié de mentionner que Bonaparte, en vrai comédien, avait emmené avec lui un aigle apprivoisé, qui se tenait perché sur son chapeau à la Napoléon dans lequel se trouvait du lard que becquetait l'animal.

Bonaparte et ses complices furent traduits devant la cour des pairs qui, le 6 octobre, prononça l'arrêt suivant :

« Il condamnait le prince Charles-Louis-Napoléon Bonaparte à l'emprisonnement perpétuel dans une forteresse située sur le territoire continental du royaume ;

» Jean-Baptiste-Charles Aladenize à la peine de la déportation ;

» Charles Tristan, comte de Montholon,

» Denis-Charles Parquin,

» Jules-Barthélemy Lombard,

» Jean-Gilbert-Victor Fialin, dit *de Persigny*,

» Chacun à vingt années de détention ;

» Séverin-Louis Le Duff de Mésonan à quinze années de détention ;

» Jean-Baptiste Voisin,

» Jean-Baptiste-Théodore Forestier,

» Napoléon Ornano,

» Chacun à dix années de détention ;

» Hippolyte-François-Athale-Sébastien Bouffet-Montauban, Martial-Eugène Bataille, Joseph Orsi,

» Chacun à cinq années de détention ;

» Henri Conneau à cinq années d'emprisonnement ;

» Étienne Laborde à deux années d'emprisonnement. »

Les autres accusés étaient absous.

III

Ham. — Son évasion. — Son amour. — Ses enfants.
— Son séjour en Angleterre. — Miss Howard. — 1848.
— Son retour en France.

Aussitôt les condamnations prononcées, Bonaparte fut conduit au château de Ham et il obtint d'y être accompagné du comte de Montholon et du docteur Conneau, son ami intime. Jusqu'en 1846, Bonaparte consacra les loisirs que lui faisait sa captivité à écrire des articles dans les journaux de l'opposition tels que le *Progrès du Pas-de-Calais*, ou encore à composer des ouvrages sur l'artillerie, son travail de prédilection.

En 1846, il sollicite du gouvernement de Louis-Philippe la permission d'aller rendre visite à son vieux père malade, s'engageant sur l'honneur à rentrer dans sa prison lorsqu'on lui en donnerait l'ordre. Le gouvernement de Louis-Philippe refuse d'accéder à cette demande et Bonaparte alors résolut de tenter son évasion.

Des ouvriers maçons étaient employés à des travaux dans la cour de la forteresse. Bonaparte remarqua les allées et venues des ces ouvriers et résolut de sortir vêtu comme eux. Il coupa ses moustaches, passa par dessus son gilet une grosse chemise de toile coupée à la ceinture, une cravate bleue et une blouse en mauvais état. Le reste de son costume se composait d'un vieux tablier de toile bleue, d'une perruque noire à cheveux longs et d'une mauvaise casquette. Ainsi vêtu, il chaussa des sabots, plaça dans sa bouche une pipe de terre et, l'épaule chargée d'une planche, passa devant les sentinelles du château et sortit de Ham où l'attendait une chaise de poste que lui avait préparé son valet de chambre Charles Thélin. Il gagna ainsi Valenciennes, de là la Belgique et l'Angleterre.

Pour compléter le récit de l'évasion, ajoutons ce qui se passait à Ham pendant la fuite de Napoléon.

Le docteur Conneau commença par fermer la porte de la chambre qui donnait dans le salon, où il alluma un grand feu malgré la chaleur du jour, prenant pour prétexte une indisposition du prince. Il en parla à l'homme de peine, qui put voir une cafetière placée dans l'âtre. Vers huit heures, un paquet de plants de violettes arriva par la diligence; le docteur pria le gardien de préparer plusieurs pots à fleurs, d'y mettre de la terre, et l'éloigna ainsi du salon. A neuf heures et demie, l'on vint demander où le déjeûner devait être servi. Le docteur répondit que ce serait dans sa propre chambre et qu'il n'y aurait pas besoin de prendre la grande table, attendu que le général Montholon

gardait aussi le lit. Il ajouta que le prince avait pris mé-
decine, et, pour qu'on n'eût pas à en douter, il en prit une
lui-même ; mais l'effet en ayant été nul, il inventa un
mélange de café et de croûtes de pain brûlé qu'il étendit
d'acide nitrique, et l'odorat des gardiens suffit à les per-
suader sans qu'ils songeassent à concevoir le moindre
soupçon de cette chimie.

Bientôt après, le commandant s'informa des nouvelles
du prince, et Conneau lui répondit qu'il se trouvait mieux
et fut forcé d'accepter un domestique pour suppléer Thélin qu'on savait absent. Cet homme fut chargé de faire
le lit du prince, qui était supposé étendu sur un sofa dans
le salon.

Tout alla bien jusqu'à sept heures et quart du soir.
A ce moment le commandant se présenta quelque peu
rembruni : « Le prince est un peu mieux, lui dit Conneau. » — « S'il est mieux, répliqua le commandant, je peux
lui parler ; il faut que je lui parle. »

Un mannequin était dans le lit avec l'apparence de la
tête tournée du côté du mur. Le docteur appela le prince
qui, l'on peut bien se l'imaginer, ne répondit pas. Alors,
faisant un signe, le docteur indiqua que le malade était
endormi. Peu satisfait par cette pantomime, le commandant s'assit dans le salon en disant que ce sommeil ne du-
rerait pas toujours et qu'il allait en attendre la fin. En
même temps il remarqua que l'heure d'arrivée de la diligence était passée et qu'il était singulier que Thélin ne
parût pas. A quoi le docteur répondit que celui-ci avait
pris un cabriolet et s'en servait, sans doute, pour revenir.

Le commandant se leva tout d'un coup et dit : « Le prince a remué; le voilà qui s'éveille! » Conneau assura n'avoir rien entendu et demanda que le repos du malade ne fût pas troublé. Mais le commandant était déjà dans la chambre et s'était approché du lit où il découvrit la ruse. « Ah! mon Dieu, s'écria-t-il, le prince est parti!... » Puis il sortit précipitamment après avoir demandé quels étaient les hommes de garde dans la matinée.

Ce pauvre commandant fut arrêté, ainsi que les gardiens et le docteur, au premier moment de la nouvelle.

Le docteur fut condamné par le tribunal correctionnel à trois mois de prison, et Thélin à six mois par contumace.

Bonaparte avait essayé d'embellir les rigueurs de sa captivité; il remarqua que la jeune fille chargée du blanchissage de la prison était assez avenante et il en entreprit la séduction, sa laideur physique repoussante ne favorisant pas ses amours, il envoya de l'or au père de cette jeune fille qui était sabotier à Ham. Ce mode de séduction réussit, il avait acheté l'amour de la blanchisseuse qui le rendit, pendant sa captivité, père de deux fils, actuellement officiers dans l'armée.

A son arrivée en Angleterre, après son évasion, Bonaparte se trouvant à court d'argent, mena quelques temps une vie assez obscure, lorque le hasard lui fit rencontrer une femme qui devait jouer un rôle assez important dans sa vie.

Voici comment Griscelli, agent secret de l'empereur Napoléon III, raconte cette rencontre dans ses mémoires :

« Par une soirée de brouillard, comme il y en a à Londrès, un homme se promenait, à Hay-Market, de long en large. Il avait cinq pieds et quelques pouces, long de taille, très-court de jambes, visage livide, yeux petits, des moustaches, boutonné jusqu'au cou et portant une canne plombée à la main; sans le chapeau, tous les passants l'auraient pris pour un policeman. Tout à coup un portail donna passage à une lady élégamment mise dont l'ample crinoline faillit renverser notre héros. Celui-ci se retenant à une colonne du Théâtre-Royal, s'écria :

— Ho ! Madame, seule, si tard, et par un si mauvais temps...

» Et, sans aucune invitation, il suivit la dame qui, en arrivant dans son salon et croyant avoir affaire à un aimable policeman, voulut le récompenser en lui offrant *deux schellings* (fr. 2-50).

» — Madame ! de l'argent ! à moi !

» — Et qui êtes-vous donc ?

» — Je suis le prince Louis-Napoléon.

» Le lendemain, le conspirateur de Strasbourg et de Boulogne, l'évadé du fort de Ham, se rappela au souvenir de ses adeptes en leur envoyant de l'or anglais pour conspirer encore contre le gouvernement qui lui avait laissé deux fois la vie. Dès ce jour, la misère qui accablait le fils de l'amiral Verhuel fut chassée par les banknotes de Miss Howard. Le soir, les joueurs de Tam-Tall remarquèrent que l'heureux tricheur au lansquenet faisait défaut au tapis vert. »

La révolution de février 1848 vient faire renaître les espérances de ce conspirateur toujours sur la brèche;

il arrive à Paris, le 25 du même mois, chez son ancien précepteur, M. Vieillard, qui demeurait rue du Sentier. Il informe immédiatement le gouvernement provisoire de son arrivée en faisant déclarer, par M. de Persigny, qu'il n'a plus d'autre ambition que celle de servir son pays. Mais les membres du gouvernement ne sont pas dupes de ses belles paroles et donnent l'ordre à Bonaparte de regagner immédiatement l'Angleterre.

Pendant ce temps, les élections à l'Assemblée constituante eurent lieu en France ; deux Bonaparte furent élus, mais Louis attendit les élections complémentaires pour se présenter. La propagande bonapartiste fut immense et il fut élu, le 3 juin, par les départements de la Seine, de la Corse, de l'Yonne et de la Charente-Inférieure.

La Commission exécutive, se basant sur la loi d'exclusion de 1816, demanda l'annulation de cette quadruple élection ; l'Assemblée refusa de bannir le citoyen Louis Bonaparte, et son élection fut validée. Malgré cette validation, Louis-Napoléon, en comédien habile, envoya sa démission au président de la Chambre dans les termes suivants :

« Londres, le 15 juin 1848.

» Monsieur le président,

» J'étais fier d'avoir été élu représentant à Paris et dans trois autres départements ; c'était, à mes yeux, une ample réparation pour trente années d'exil et six ans de captivité ; mais les soupçons injurieux qu'a fait naître mon élection, mais les troubles dont elle a été le prétexte, mais l'hostilité du pouvoir exécutif, m'imposent le devoir de refuser un honneur qu'on croit avoir été obtenu par l'intrigue.

» Je désire l'ordre et le maintien d'une République sage, grande, intelligente ; et puisque involontairement je favorise le désordre, je dépose, non sans de vifs regrets, ma démission entre vos mains.

» Bientôt, je l'espère, le calme renaîtra en France et me permettra de rentrer en France comme le plus simple des citoyens, et aussi comme un des plus dévoués au repos et à la prospérité de son pays.

» Recevez, Monsieur le président, l'assurance de mes sentiments les plus distingués.

» LOUIS-NAPOLÉON BONAPARTE. »

De nouvelles élections complémentaires sont faites encore, et Louis vient prendre sa place à l'Assemblée nationale, le 26 septembre 1848. Peu de temps après, le 10 décembre, Louis-Napoléon Bonaparte était élu président de la République française. Le 20 du même mois, en séance solennelle, il prêta le serment constitutionnel suivant :

« En présence de Dieu et devant le peuple français représenté par l'Assemblée nationale, je jure de rester fidèle à la République démocratique une et indivisible et de remplir tous les devoirs que m'impose la Constitution. »

Après avoir prêté ce serment solennel et pour donner plus de sanction encore à son serment républicain, il prononce de la tribune les paroles suivantes :

« Citoyens représentants,

» Les suffrages de la nation et le serment que je viens de prêter commandent ma conduite future. Mon devoir est tracé ; je le remplirai en homme d'honneur.

» Je verrai des ennemis de la patrie dans tous ceux qui

tenteraient de changer, par des voies illégales, ce que la France entière a établi.

» Entre vous et moi, citoyens représentants, il ne saurait y avoir de véritables dissentiments. Nos volontés, nos désirs sont les mêmes.

» Je veux, comme vous, rasseoir la société sur ses bases, affermir les institutions démocratiques et rechercher tous les moyens propres à soulager les maux de ce peuple généreux et intelligent qui vient de me donner un témoignage si éclatant de sa confiance.

» La majorité que j'ai obtenue, non seulement me pénètre de reconnaissance, mais elle donnera au gouvernement nouveau la force morale sans laquelle il n'y a pas d'autorité.

» Avec la paix et l'ordre, notre pays peut se relever, guérir ses plaies, ramener les hommes égarés et calmer les passions.

» Animé de cet esprit de conciliation, j'ai appelé près de moi des hommes honnêtes, capables et dévoués au pays, assuré que, malgré les diversités d'origine politique, ils sont d'accord pour concourir avec vous à l'application de la Constitution, au perfectionnement des lois, à la gloire de la République.

» La nouvelle administration, en entrant aux affaires, doit remercier celle qui la précède des efforts qu'elle a faits pour transmettre le pouvoir intact, pour maintenir la tranquillité publique.

» La conduite de l'honorable général Cavaignac a été

digne de la loyauté de son caractère et de ce sentiment du devoir qui est la première qualité du chef d'un État.

» Nous avons, citoyens représentants, une grande mission à remplir ; c'est de fonder une République dans l'intérêt de tous, et un gouvernement juste, ferme, qui soit animé d'un sincère amour du progrès sans être réactionnaire ou utopiste.

» Soyons les hommes du pays, non les hommes d'un parti, et, Dieu aidant, nous ferons du moins le bien, si nous ne pouvons faire de grandes choses. »

Louis Bonaparte n'était pas encore arrivé à son but, son ambition ne peut être satisfaite qu'en montant sur le trône. Pour cela il veut préparer le pays au coup d'État qu'il médite. Il fait différents voyages dans l'intérieur de la France et partout il se fait acclamer par une nuée d'agents de police envoyée en avant pour préparer l'enthousiasme des populations.

De retour à Paris, le palais de l'Élysée et le palais de Saint-Cloud sont transformés en ignobles lupanars, l'orgie, le vin, les femmes ; tel est le passe-temps de celui qui va égorger la France et tel est le moyen dont il se sert pour se donner des complices pour le crime qu'il médite. Saint-Arnaud, Maupas, Magnan, Morny, Canrobert, Espinasse et autres composent son entourage habituel ; avec de tels hommes il peut risquer la partie.

IV

Le coup d'État — Proclamation.

Dans la nuit du 1er au 2 décembre, au moment où tous les honnêtes gens reposaient péniblement chez eux, pendant qu'un bal se donnait à l'Élysée où le prince-président recevait le corps diplomatique, les hauts fonctionnaires de l'État, Morny, le frère adultérien de Bonaparte, faisait occuper militairement les boulevards et les principales rues de Paris ; les proclamations les plus incendiaires furent affichées sur les murs de la capitale. Les représentants furent arrachés à leur sommeil et conduit à la Conciergerie et à Vincennes. La Chambre fut occupée militairement et on lisait partout les proclamations suivantes qui restent pour la postérité comme la preuve du crime accompli.

PROCLAMATIONS.

L'Assemblée nationale est dissoute.

L'état de siége est décrété dans l'étendue de la première division militaire.

Le Conseil d'état est dissous.

LOUIS-NAPOLÉON BONAPARTE.

Paris 2, décembre 1851.

(*Contre-signé*) MORNY.

Tout individu pris construisant des barricades, ou défendant une barricade, ou les armes à la main *sera fusillé*.

LEROY SAINT-ARNAUD.

Paris, le 3 décembre 1851.

L'état de siége est décrété. Le moment est venu d'en appliquer les conséquences rigoureuses.

« Usant des pouvoirs qu'il nous donne, nous, préfet de police,
» arrêtons :
» Le stationnement des piétons sur la voie publique et la for-
» mation des groupes *seront*, SANS SOMMATION, dispersés *par les*
» *armes*. »

(Ordonnance du 4 décembre 1851.)

« Je le répète et je le pratique : *avec la force seule*, nous serons
» maîtres de la situation. A ce soir, les barricades ! DU CANON, DU
» CANON ET DU COURAGE ! »

(Rapport du 2 décembre, à midi.)

« Il faut *supprimer* toutes les causes d'agitation, en pratiquant
» *sur une vaste échelle* un système de perquisitions et d'arresta-
» tions. »

(Lettre aux commissaires de police,
du 8 décembre 1851.)

—

MORNY :

« Il faut absolument DÉBARRASSER la capitale de tous les élé-
» ments impurs et dangereux ; il faut éloigner de Paris, et au
» besoin de la France, ces meneurs qui égarent les hommes fai-
» bles et préparent les révolutions. Il faut enfin que Paris cesse
» d'être le refuge des *bandits* de tous les pays pour mettre la
» société en péril. Il faut exécuter avec une persévérante énergie
» le décret du 8 décembre contre les repris de justice et les
» hommes convaincus d'affiliation aux sociétés secrètes. Je m'en
» rapporte à votre zèle, et je suis convaincu que vous pensez,
» aussi bien que moi, qu'il est temps d'imprimer à ces hommes,
» qui ont troublé le pays *depuis trente ans*, UNE TERREUR SALU-
» TAIRE. »

(*Lettre du 16 décembre 1851, à Maupas.*)

« Nous jouons notre tête, et il ne faut pas la perdre. Il ne sera
» fait aucun mal aux représentants du peuple ; je les ferais tous
» fusiller, si le succès du coup d'État rendait leur mort néces-
» saire ; mais je crois que nous n'aurons pas besoin de les
» frapper.
» Nous déporterons en Afrique vingt mille républicains. »

(*Réponse de Morny à une interrogation.*)

« Surtout, pas de demi-mesures ! »

(*Billet de la Lehon à Morny, 2 décembre 1851.*)

———

MAGNAN :

« Laissez-moi faire ; je vous réponds de tout. »

(*Paroles adressées à Saint-Arnaud,
le 2 décembre.*)

« Vous allez entendre le canon ; soyez tranquille, l'affaire sera
» vigoureusement menée. »

(*Lettre écrite à Maupas, le 3 décembre,
à midi.*)

« Tous les obstacles furent enlevés au pas de course, et ceux
» qui les défendaient PASSÉ PAR LES ARMES. »

(*Rapport du 9 décembre 1851.*)

Est-ce assez tragique ! Le colonel Rochefort veut se distinguer. Les faits suivants le prouve.

LE COLONEL ROCHEFORT :

« Restez calmes jusqu'au moment où j'ordonnerai la charge.
» Mais, une fois l'affaire engagée de quelque manière que ce soit,
» jetez-vous en avant et ne faites grâce à personne ! »

*(Allocution à ses lanciers, le 3 décembre,
à dix heures du soir.)*

A la hauteur de la rue Taitbout, un rassemblement d'hommes *bien vétus* crie : *Vive la République! Vive la Constitution! A bas le dictateur!*

Aussi rapide que l'éclair, d'un seul bond le colonel Rochefort du 1er lanciers franchit les chaises et l'asphalte, tombe au milieu du groupe et fait aussitôt le vide autour de lui. Ses lanciers se précipitent à sa suite. Un de ses adjudants abat, à coup de sabre, deux individus. Le colonel continua sa marche en dispersant tout ce qu'il rencontrait devant lui et une *trentaine* de cadavres restèrent sur le carreau presque *tous couverts d'habits fins.*

Près du Château-d'Eau, le colonel Rochefort s'élança comme un lion furieux au milieu d'un groupe d'où sortaient des cris, en frappant d'estoc, de taille et de lance. Il resta sur le carreau *plusieurs* cadavres.

De retour à la place Vendôme et *sa mission accomplie,* le colonel Rochefort s'empressa d'en rendre compte au général de division Carrelet.

LE CAPITAINE HYPOLITE MAUDUIT, PANÉGYRISTE DU CRIME
DE DÉCEMBRE.

« Je veux, dis-je à un de mes camarades retiré du service, que
» je rencontrai le 2 décembre, je veux d'abord voir l'armée
» prendre *sa revanche* de 1830 et de 1848 ; après cela, Dieu fera
» le reste.

» J'augurai que l'armée ferait payer cher aux Parisiens les
» affronts de 1830 et les humiliations de 1848. *Mon cœur de soldat*
» *s'en réjouit.* »

Cet horrible Mauduit, qui a écrit les lignes précédentes
aux pages 148 et 149 de *la Révolution du 2 décembre*, se
glorifie des assassinats commis par son fils, aide de camp
du général de Cotte ; et il avoue que, pendant le massacre,
il était entré dans l'église de Saint-Roch afin *d'attirer les*
bénédictions de Jésus-Christ et de la Vierge sur les massa-
creurs et leur *digne* chef !

La province ne perd pas pour attendre. Voici quelques
proclamations recueillies au hasard qui prouvent que les
complices avaient aussi de terribles instructions à faire
exécuter.

INSTRUCTIONS AUX COMMANDANTS DES DIVISIONS MILITAIRES.

Tout ce qui résiste doit être fusillé.

Saint-Arnaud.

5 Décembre 1851.

DUCOS AU COMMANDANT DU *Duguesclin*, M. MALLET.

Je vous défends absolument de donner du vin aux malades
eux-mêmes, je n'ordonnancerai pas celui qu'on a distribué sans
mon ordre.

DUCOS AUX MEMBRES DU CONSEIL DE SANTÉ, A BREST.

Que l'on embarque tous les malades de l'hôpital, *quelque soit le degré de leur maladie!*

LE GÉNÉRAL FOUETTEUR HERBILLOT.

« Le général Herbillot faisait donner le fouet aux *insurgés âgés*
» de moins de vingt ans qu'on lui amenait, *et les livrait ensuite*
» *aux sergents de ville.* »

(*P. Mayer, apologiste du coup d'Etat,*
page 165. Histoire du 2 décembre.)

FOY, CHIRURGIEN-MAJOR DU 6ᵉ CHASSEURS :

« Messieurs, il ne faut rien épargner ; » — tirez, *sans sommation,*
» sur les rassemblements et les curieux : c'est le vrai moyen de
» nous débarrasser des voyous. »

(*Paroles adressées aux officiers du 6ᵉ chasseurs,*
le 4 décembre 1851).

LE CAPITAINE GÉRARD, DU 7ᵉ LANCIERS :

« Nous les avons tués par l'arme blanche (*les défenseurs de la*
» *Constitution*); c'était économie de poudre et de bruit. *L'ordre*
» *était de ne garder aucun prisonnier.* »

(*Lettre adressée à M. M., à Bruges.*)

Le capitaine Gérard est passé au régiment des guides.

Le commandant Vinoy, aujourd'hui général, gouverneur
de Paris, a aussi son petit dossier :

LE COMMANDANT VINOY.

« A Saint-Étienne, la colonne du commandant Vinoy a fait de
» bonnes prises. Huit individus ONT ÉTÉ FUSILLÉS sans désem-
» parer. »

(*Patrie*, nº du 22 décembre 1851.)

Voici sur ces crimes l'appréciation de M. H. Mayer, écrivain confident de l'Élysée :

« Il fallait non pas seulement prévenir, mais *épouvanter*. En
» matière de coup d'État, on ne discute pas, ON FRAPPE ; on
» n'attend pas *l'ennemi*, on fond dessus ; on BROIE, ou l'on est
» broyé.
» Le préfet de police avait dit clairement à tout le monde :
» *N'allez pas sur les boulevards, car les attroupements seront dissi-*
» *pés par les armes et sans sommations préalables.* —CELA DIT TOUT
» ET JUSTIFIE TOUT. »

(*Hist. du deux décembre*, pages 55 et 171.)

V

Ses infamies du 2 décembre.

Beaucoup de gens croient encore sincèrement que le 2 décembre était commandé par le salut public; que les nécessités suprêmes de la raison d'État ont tout justifié; que d'ailleurs les comices populaires ont tout lavé, ont tout amnistié. Il ne sera pas inutile, sachez-le bien, de réfuter, même sérieusement, les sophismes du crime heureux et de dissiper l'erreur des masses. Le châtiment seul, si sévère qu'il fut, ne démontrerait pas assez clairement à la conscience publique, troublée par tant de révolutions successives, la fausseté du prétexte imaginé par le coup d'État pour se machiner et s'accomplir, et la nullité absolue, l'impuissance radicale d'une ratification escroquée par des manœuvres dolosives, ou imposée par la terreur.

Il sera bon de prouver par un débat public et libre, contradictoire avec les accusés, que la société n'était pas en péril ; que le salut public, invoqué comme justification ou

comme excuse, ne parlait pas ; et que l'approbation préten-
due, fût-elle expresse, et non avenue, parce que, en droit,
la sanction d'un crime est impossible, et parce que, en fait,
le consentement allégué du peuple a été le résultat vicieux
de l'erreur, le fruit impur du dol et de la fraude, l'effet
honteux de la peur, un acte de faiblesse et de démence,
rétracté, d'ailleurs, par l'insurrection nationale qui livre
enfin les coupables à la vengeance imprescriptible de la morale et des lois.

Attendez donc le grand argument de la ratification populaire et du salut social ; et si les accusés n'osent pas le produire,
provoquez-les-y ; et s'ils se taisent, soulevez d'office l'objection
et répondez-y. Sera-t-il difficile de prouver que le scrutin
du 20 décembre est un faux et une mystification ? de baf-
fouer le singulier moyen de sauver la société, mis en œuvre
par ces brigands ? d'établir, les codes en main, qu'ils ont
attenté violemment aux bases sur lesquelles toute société
repose, aux droits essentiels qui la constituent, aux garan-
ties qui la conservent, aux institutions qui la défendent
contre l'attaque des bandits ? de démontrer, enfin, qu'il
n'est pas un principe de l'ordre social, liberté de conscience,
liberté individuelle, sûreté personnelle, garantie de l'existence, de la propriété, pas un des droits du citoyen et de
l'homme vivant en société, que ces étranges sauveurs de la
civilisation n'aient violés, foulés aux pieds, anéantis ? Sera-
t-il difficile de constater que le 2 décembre n'a pas même
pour excuse les intentions de ses auteurs ? que le bien général ne fut pas leur but ? que les fins immondes de leur
crime aggravent encore la criminalité de leurs moyens ?

qu'ils ont attenté aux lois, à la liberté et à la vie des citoyens uniquement pour se saisir des caisses pleines ? que ces héros de probité, ces grands prêtres de la morale, ces sentinelles dévouées de la propriété, se sont rendus coupables de parjure, de concussions, de dilapidations, de pillage et de sac du trésor public ? qu'à l'exemple des malfaiteurs qui soufflent sur les réverbères, prennent le passant à la gorge, lui demandent sa bourse et le tuent pour le dépouiller, ils ont éteint les institutions, arrêté, assassiné, dévalisé les citoyens ? et qu'enfin la société fut sauvée par eux comme l'est une maison par des voleurs qui l'envahissent, garottent les habitants, les égorgent, pillent les coffres, boivent, chantent, dansent, violent les filles, font orgie sur les cadavres et mettent le feu aux quatre coins avant de fuir ?

L'approbation, même éclairée, volontaire et libre, d'un crime, est nulle en soi. Que sera-ce donc si la ratification a été surprise à l'ignorance, extorquée par le dol et la fraude, ou imposée par la force ? Pas de consentement, s'il n'a été donné que par erreur ou par contrainte.

Qui donc oserait dire que le scrutin du 20 décembre a été libre et éclairé ? l'opération probe et sincère ? le dépouillement de l'urne loyal et vérédique ? Où était la presse indépendante ? La parole publique était le privilége exclusif des auteurs du crime et de leurs complices. Nul ne pouvait dire un seul mot, encore moins l'écrire. Défense était faite d'imprimer des bulletins négatifs ; quiconque les aurait colportés ou distribués aurait été frappé comme coupable, sans quartier. Les masses ont été trompées par des calomnies que personne n'a pu démentir, ou contraintes par des violences qui répandaient l'effroi partout. Or, quand la terreur l'interroge, le peuple souverain répond toujours comme un esclave. La peur présidait aux comices et des faussaires tenaient les urnes ; le vote du plébiscite est, tout à la fois, le fruit d'une falsification et le résultat honteux d'une lâcheté. Ce n'est pas un consentement au crime, une ratification de l'attentat, une amnistie, un bill d'indemnité et d'innocence. Le forfait est resté, après le 20 décembre, ce qu'il était avant, et les coupables appartiennent à la loi aussi justement que s'ils avaient été réprimés dans leur tentative et saisis par la vindicte publique en pleine exécution de leur crime et la main dans le sang des citoyens.

En admettant que la volonté de la nation ait été indépendante et comme illuminée soudainement, son vote n'implique pas la justification de l'attentat. La majorité elle-même n'avait pas le pouvoir d'aliéner la souveraineté de tous, contre la volonté du petit nombre, au mépris du droit de la minorité, resté entier.

Les chefs militaires pouvaient et devaient briser leur épée. Les fonctionnaires civils pouvaient et devaient se soustraire, par leur démission, à l'exécution d'ordres coupables. Ils sont responsables de leur obéissance qui a été volontaire ; ils sont criminels et condamnables.

Il y a, en France, une tribu de parasites, étrangers à la nation et vivant de sa substance, gent sans foi ni loi, toujours prête à ruiner les familles, à égorger les citoyens, pour conserver un grade, une place, ou pour s'élever. Les fonctionnaires publics se sont habitués à considérer leur charge comme une propriété sacro-sainte. Quand on leur reproche d'avoir obéi à des commandements criminels, ils vous répondent : « Il faut que nous vivions ! » — Le sens moral est descendu si bas, à votre époque, qu'on admet volontiers cette excuse odieuse. On trouve tout naturel que, pour garder une position, un traitement, ces messieurs-là, attentent de gaîté de cœur à la liberté, à la fortune, à la vie des citoyens. Il est temps de redresser ce préjugé et de refaire les mœurs publiques par un exemple solennel.

Le refus d'obéir à un pouvoir usurpateur, dût-il entraîner la ruine des fonctionnaires, leur obéissance à des ordres assassins est condamnable. Pour qu'ils vivent dans l'opulence et dans le crime, est-il donc juste que des milliers de victimes meurent dans le dénûment et l'innocence ? L'irresponsabilité de ces hommes malfaisants est la négation de toute justice. Avec cette indulgence parricide, la liberté politique et civile est impossible.

D'abord, les crimes ne sont-ils pas constants ?

Le complot, la haute trahison, l'attentat, le pillage des deniers publics à main armée, les abus d'autorité contre la chose publique et les particuliers, les violations de domicile, les atteintes à la liberté individuelle, la coalition des fonctionnaires, les usurpations de pouvoir, les arrestations et les séquestrations illégales, les tortures exercées sur les personnes, les détentions et les déportations arbitraires, les meurtres, les assassinats ne sont-ils pas certains ?

Et les preuves légales manqueront-elles donc contre les auteurs de tant de forfaits et les complices ?

Les actes sont là, éclatants, indélébiles comme la tache
de sang que les assassins portent au front. Le *Moniteur* a
publié les faits et les conserve ; les recueils officiels les
ont enregistrés et les gardent ; les journaux et les historio-
graphes du coup d'État les ont relevés, certifiés, légalisés.
On dirait que, durant le vertige du lendemain, la presse
criminelle s'était donné la mission d'informer authentique-
ment le procès du 2 décembre : que les bardes du succès
avaient pris à cœur de livrer à la justice les malfaiteurs
auxquels ils s'étaient vendus. On ne sait qu'admirer le
plus, ou de l'impudence des plumes vénales, ou de l'im-
prudence providentielle des criminels qui les soldaient.
Tous les chantres de la victoire ont été des juges d'instruction. Est-ce tout ? Non ; les coupables ont écrit eux-mêmes
leurs propres noms à côté de leurs crimes, sur leurs proclamations sauvages, au pied de leurs bulletins enivrés par le
triomphe, sur leurs mandats de *justice*, sur la minute de
leurs arrêtés de proscription et de leurs sentences homici-
des. *Confitentes reos habebitis.* Ils ont dressé de leur main
leur acte d'accusation. Tenez, vous aurez trop de preuves
et d'aveux. Cela n'est point un paradoxe ; car beaucoup de
misérables, ivres de cupidité, se sont vantés officiellement
d'infamies dont ils n'étaient pas coupables.

Prouvons régulièrement les bacchanales du crime, les
massacres en masse, les égorgements en détail, les assassinats ; prouvons les fusillades nocturnes du Champ-de-
Mars, les exécutions dans les caveaux des prisons, sous les
voûtes sombres et sourdes ; prouvons les tortures des prisonniers dans les cachots, sur les pontons, dans les camps

africains, aux galères de la Guyane ; étalons l'effroyable
boucherie du 4 décembre aux yeux de la France épouvan-
tée et des peuples rebelles à croire ; conduisons-les dans le
cimetière de Montmartre, devenu ce jour-là une succursale
de la morgue ; promenons-les sur ces herbes foulées par
les tombereaux si chargés, à travers ces traînées de sang et
si larges et si longues ; remuez-moi ce charnier où furent
déposées les victimes, la face vers le ciel ; montrez ces ran-
gées de têtes pâles et livides, ces bouches béantes et muet-
tes, ces yeux vitrés et sans regard ; cette couche immense
de corps à peine recouverts de terre, faisant tremplin sous
les pieds de la femme qui cherchait son mari, du fils qui
appelait son père, de la mère qui demandait à ces morts
le cadavre de son enfant ; découvrez ces fosses mystérieu-
ses où la chaux a brûlé tant de monceaux humains ; fouil-
lons les cimetières de l'Afrique, l'ossuaire de Cayenne ;
exhumons les ossements ; montrons les lambeaux de chair
que la mitraille a dispersés, les mares du sang qui a croupi,
les ruisseaux du sang qui a coulé, les larmes qui coulent
toujours ; peignons le deuil des familles, la ruine des or-
phelins, la misère des vieux époux privés de leurs chers
enfants ; racontons tant de scènes déchirantes, les douleurs qui durent encore, inconsolables, éternelles, et les
désespoirs qui ont fini par le suicide ou dans la folie plus
affreuse que la mort ; montrez, dans vos villes, la demeure
et l'atelier du pauvre ouvrier déporté, vides des meubles
et des outils que Louis Bonaparte a fait vendre à l'encan,
et la femme et les enfants, accroupis sur le seuil de la maison où le père ne reviendra plus ; montrons les agents

impitoyables de Bonaparte surveillant, pour en saisir le prix, la vente par les veuves des hardes de leurs maris morts dans l'exil ; montrez dans les champs de vos provinces, des bourgs décimés, des hameaux déserts, des cabanes abandonnées, la terre du malheureux, inculte, la famille désolée, vivant de l'aumône des voisins pauvres, quand la peur que Bonaparte inspira n'étouffait pas la pitié dans les âmes, ne glaçait pas la charité dans les cœurs ; appelons vos témoins, des bois de la Nièvre où tant de malheureux ont été traqués et égorgés ; des vallées des Alpes où tant de fugitifs ont été passés par les armes ; des gorges du Var qui a roulé tant de cadavres ; que chacun de ces témoins dise la vérité sur ce qu'il sait ; qu'il puisse déposer sans crainte devant les juges, comme il aura juré devant Dieu de parler sans haine ; que le vieillard apporte ses soupirs ; l'orphelin, ses larmes ; la veuve ses sanglots ; tous leurs vêtements de deuil, leurs misères et leurs douleurs

VI

Ses complices. — Magnan. — Fleury. — Saint-Arnaud. — Épinasse.

C'était au mois de juillet 1851. Le coup d'État approchait. M. Bonaparte faisait prendre position à ceux qui devaient être les complices de son crime. Magnan remplace Baraguay d'Hilliers dans le commandement de l'armée de Paris.

Cette nomination causa une certaine émotion dans l'Assemblée. La moralité du personnage y était trop connue pour qu'on ne vit pas là un symptôme inquiétant. Mais les moins défiants se trouvèrent rassurés par un ordre du jour où M. Magnan parlait en assez bons termes du respect des lois. Tous ces hommes ballottés entre la peur de la République et la peur de Bonaparte se contentaient de peu en pareille matière. Celui-ci le savait bien, et il agissait en conséquence.

M. Bonaparte est d'une dissimulation si profonde; il a

mené sa conjuration avec une réserve si perfide que, selon toute probabilité, il nomma M. Magnan au commandement de l'armée de Paris sans l'initier encore au complot. Mais entre ces deux hommes, il n'était besoin d'entente ni d'engagement préalables.

Leurs antécédents, l'état désespéré de leurs affaires, leur avidité parlaient assez haut, assez clairement. Sans s'être dit un seul mot, peut-être, du crime à commettre, ils s'étaient compris et concertés, chacun d'eux y prenant son rôle, faisant ses conditions et acceptant celles de l'autre : à Bonaparte le trésor public et le pouvoir ; à Magnan une large part dans le butin.

Depuis le 2 décembre, les conspirateurs ont causé beaucoup, — rien de plus indiscret que la voie de l'orgie ; — et ce que nous savons de leurs récits concorde parfaitement avec ce que nous venons de vous donner comme une probabilité.

Ils racontent que la première ouverture directe, faite par M. Bonaparte à M. Magnan, remonte au 21 septembre seulement. Ce jour-là, je vous l'ai dit déjà, M. Bonaparte réunit, dans son cabinet, à Saint-Cloud, le commandant en chef de l'armée de Paris et les généraux de division Le Pays de Bourjolly, Renault et Saint-Arnaud. Il était décidé à faire son coup le lendemain, espérant avoir meilleur marché de l'Assemblée et du parti républicain pendant la prorogation.

Il exposa son plan, en présenta le succès comme infaillible, promit à chacun grosse part dans la curée de la République, et il finit par demander si on était décidé à l'aider. Mais, comme nous l'avons dit aussi, MM. Renault et

Saint-Arnaud se montrèrent irrésolus, plaidèrent les circonstances difficiles, impossibles même, et leur conclusion fut qu'il fallait différer l'affaire. M. Magnan, au contraire, appuyé par M. Le Pays de Bourjolly, fut pour l'action immédiate.

Voyant cette division entre les hommes sur lesquels il se croyait le plus en droit de compter, M. Bonaparte en inféra, sans doute, que les choses n'en étaient pas encore à maturité, car il leva la séance en disant qu'il réfléchirait aux objections présentées ; mais qu'il comptait toujours sur le dévouement de ses interlocuteurs.

Le coup fut remis à une époque indéterminée.

M. Magnan a pu être très-audacieux, très-entreprenant à vingt ou vingt-cinq ans ; mais il s'est singulièrement détrempé dans la vie de désordres et d'expédients qu'il a menée depuis. Pourquoi donc opina-t-il si chaleureusement pour que le crime fut tenté sans délai ?

Était-il entraîné par la passion politique ? Il n'en a même jamais eu d'opinion politique. Après avoir été successivement bonapartiste, légitimiste, orléaniste, républicain, il était redevenu bonapartiste, mais sans plus tenir à ce parti qu'il n'avait tenu aux autres. Véritable condottière, il servait qui le payait, se réservant toujours, à part lui, de passer à qui le payerait davantage.

Était-il poussé par ce désir d'aventures, par cette soif de l'inconnu, qui viennent parfois à l'homme le plus sceptique ? Pas davantage.

Il obéissait à des motifs beaucoup plus vulgaires.

Depuis qu'il était parvenu au commandement en chef

de l'armée de Paris, sa situation vis-à-vis de ses créanciers était devenue intolérable. Apprenant que ses appointements s'élevaient à soixante mille francs, ils s'étaient, tous ensemble, précipités sur lui, chacun avec la prétention d'être payé promptement; chacun avec la crainte que cette aubaine de soixante mille francs ne fut que passagère.

M. Magnan devait *cinq cent mille francs*; il avait une femme et cinq enfants sur les bras, il ne lui était pas possible de satisfaire à de pareilles réclamations. Il demandait des délais, des renouvellements, des accommodements; tous moyens dont il avait usé et abusé. On les lui refusait. Il cherchait des prêteurs ; il n'en trouvait pas.

Sans le coup d'État, il allait vite et droit à Clichy.

C'est la peur de la prison pour dettes qui lui a donné l'audace du crime.

Aussi n'a-t-il pas manqué à M. Bonaparte, au jour de l'exécution.

Le 2 décembre, à trois heures du matin, M. Magnan fut réveillé par le colonel Fleury qui venait le prévenir que le moment était arrivé et qui lui remettait cinq cent mille francs en billets de banque. « Ce n'est là qu'un à-compte, lui dit M. Fleury. — Je le crois, pardieu bien ! répondit M. Magnan; car c'est tout juste ce que je dois. — Bah ! répliqua l'émissaire de M. Bonaparte avec son cynisme habituel, mettons la main sur la caisse ; il y *en* aura pour tout le monde à discrétion, et quand il n'y *en* aura plus, il y *en* aura encore. »

On sait trop comment M. Magnan contribua à l'enlèvement de la caisse.

Il fut le bras droit de M. Saint-Arnaud dans les massacres qui ensanglantèrent Paris.

Il n'a pas tenu à lui que les généraux arrêtés et le colonel Charras ne fussent fusillés dès le 2 décembre. Des
officiers de son état-major, voulant sans doute montrer par
là combien il tenait à « assurer le salut de la société, »
ont dit, en effet, qu'il avait insisté, avec la plus grande
énergie, pour qu'on se débarrassa immédiatement de ces
hommes dangereux. D'autres, sans contredire cette asser-
tion, ont raconté, cependant, que M. Magnan montra, un
instant, une grande indécision.

Ce fut lorsqu'il s'agit de signer l'ordre de faire évacuer
la mairie du 10me arrondissement et d'arrêter les deux
cents représentants qui y délibéraient. Mais cette hésitation
fut de courte durée. Peut-être alors les yeux de M. Magnan rencontrèrent-ils, sur son bureau, quelque réclama-
tion d'un créancier le menaçant de Clichy.

M. Fleury avait dit vrai : les cinq cent mille francs
n'étaient qu'un à-compte.

Dès le 4 décembre, le commandant en chef de l'armée
de Paris reçut encore trois cent mille francs. Le massacre
des boulevards allait recommencer. M. Bonaparte payait
une nouvelle prime d'encouragement à l'assassinat.

Examen fait du caractère et de la moralité de chacun
des généraux sur qui on pensait pouvoir agir, au moment
décisif, par l'appât des richesses et d'une grande fortune
militaire, il fut reconnu que nul ne légitimait de plus
belles espérances que M. de Saint-Arnaud. On le soupçon-
nait, à la vérité, quelque peu d'avoir conservé des relations

avec les princes d'Orléans; mais le commandant Fleury détruisit ces soupçons en lisant plusieurs lettres récentes où son ancien chef et compagnon de plaisirs montrait le plus grand dévouement au *prince-président*, comme on disait alors à l'Élysée. Il affirma, d'ailleurs, qu'il savait au général trop de bon sens pour rester attaché à un gouvernement tombé.

Pour de pareils choix, M. Bonaparte avait un conseil précieux. C'était le commandant Fleury, dont il avait fait un de ses officiers d'ordonnance.

Complétement ruiné par des folies de jeunesse, M. Fleury avait été tenter fortune dans les rangs des spahis et y avait mené une vie assez étrange dans l'intimité du fameux Youssouf. Par ses anciennes relations de Paris, par ses habitudes, il s'était trouvé en position de voir ce qu'il y avait de moins pur dans les cadres de l'armée.

Il avait été capitaine de spahis, à Orléansville, sous les ordres de M. de Saint-Arnaud, qui avait fait de lui le compagnon le plus intime de ses plaisirs et duquel il avait reçu large part dans les dépouilles des tribus vaincues. Il avait indiqué, tout d'abord, son ancien chef comme le premier sur lequel il fallait faire fond dans une affaire où il s'agirait, avant tout, de mettre la main sur le trésor public.

Saint-Arnaud cependant hésitait. Il hésitait non devant l'énormité du crime, mais devant les chances incertaines de l'entreprise. Il croyait à l'Assemblée une grande force et la volonté de se défendre.

On touchait à la fin d'octobre ; et il allait donner, selon toute apparence, un démenti complet aux assurances de

M. Fleury et aux espérances de M. Bonaparte, quand un événement imprévu le décida à se livrer corps et âme aux conspirateurs.

Depuis quelque temps un conseiller à la cour d'appel d'Alger faisait, à Orléansville, une enquête sur certains désordres signalés dans l'administration d'un commandant de place. Les faits incriminés remontaient à l'époque où M. de Saint-Arnaud était à la tête de la subdivision et où le commandant de la place remplissait les fonctions de commissaire civil et de juge de paix. Or, il arriva que, de recherches en recherches, le conseiller en vint à trouver le nom du général compromis de la manière la plus grave.

L'affaire s'ébruita tout de suite ; l'*Atlas*, journal républicain d'Alger et le *National* en parlèrent. Il était impossible de l'étouffer, alors même que la justice y eût consenti. Le gouverneur en écrivit sans retard au ministre, et tout ce qu'on put faire, ce fut d'interrompre l'enquête, sous je ne sais quel prétexte. Mais elle devait être reprise immanquablement et prochainement.

M. de Saint-Arnaud, informé du coup qui le menaçait, accepta, sur le champ, le portefeuille de la guerre, résolu à tout tenter pour échapper à la justice qui tendait déjà la main pour le saisir.

Voilà comment il fut jeté dans la conspiration bonapartiste !

Une fois engagé dans la conspiration, il employa, pour en assurer le succès, toute la ruse, toute la perfidie, toute l'audace, toute l'activité qui se peuvent imaginer.

Depuis quelque temps, M. Bonaparte avait réuni, à Paris,

tout ce que l'armée comptait de généraux et de chefs de corps corrompus, vicieux, endettés : les Magnan, les Renault, les de Cotte, les Féray, les Garderens, les Rochefort, etc., et tout ce qu'elle pouvait fournir de plus ambitieux et de plus avide : les Marulaz, les Canrobert, les Espinasse, les d'Allonville, les Tartas, les Korte, etc.

Dès son entrée au ministère, M. de Saint-Arnaud se mit à pratiquer ces hommes, déjà circonvenus par l'Élysée, avec un art qui ne se peut trouver que dans des natures vicieuses comme la sienne et, comme la sienne, développées par une vie d'aventures et d'expédients, sans cesse en prise aux lois de la délicatesse et au Code criminel.

Plusieurs hésitaient, les uns par crainte, les autres par un sentiment de respect, de reconnaissance, d'amitié pour les généraux qui devaient être les premières victimes de M. Bonaparte. Il sut faire cesser leurs hésitations, en parlant à chacun le langage qui convenait le mieux à son caractère, à son ambition, à ses besoins, à ses vices en un mot.

Le plan des conspirateurs était arrêté, plusieurs jours avant le moment fixé pour l'exécution ; les historiens bonapartistes nous l'ont dit. Quand M. de Saint-Arnaud serrait affectueusement la main à son ami Leflo, cherchant à dissiper ses défiances, il était donc résolu déjà à donner cet ordre, dont le colonel Espinasse devait être l'exécuteur en chef : arrêter les questeurs Baze et Leflo ; et, s'ils résistaient, les tuer.

Ce trait seul suffirait à faire juger le ministre de M. Bonaparte.

M. de Saint-Arnaud n'éprouva pas plus de scrupules au sujet du général Bedeau, à l'excessive bienveillance duquel il devait de n'avoir pas été chassé, une seconde fois, de l'armée; je l'ai déjà dit.

La part qu'il a prise aux crimes de décembre est trop connue pour que j'y insiste. Elle est inscrite au *Moniteur* même en lettres de sang.

La représentation nationale violée; les représentants enlevés de leur domicile, repoussés du lieu de leur séance à coups de baïonnette, voiturés dans les voitures à forçats, incarcérés en masse; le sang des citoyens ruisselant sur le pavé de Paris; les prisons encombrées; la presse égorgée, le règne des lois remplacé par celui d'une soldatesque ivre, aux ordres de généraux gorgés d'or; la proscription frappant les têtes les plus illustres comme les plus humbles; la terreur partout; les massacres partout; la France en deuil, la France déshonorée devant les contemporains et devant l'histoire; tel est le grand œuvre dont M. de Saint-Arnaud fut le principal ouvrier.

Oui, c'est ainsi qu'il a coopéré au salut « de la religion, de la famille et de la propriété, » lui l'ex-légitimiste exalté, le chassé des gardes du corps, l'ex-pensionnaire de Sainte-Pélagie, l'ex-histrion, l'ex-orléaniste courtisan des princes, l'espion de Blaye, l'amnistié du général Rullière et du général Bedeau, l'inculpé d'Orléansville! Allons! curés, évêques du catholicisme, de l'encens, de l'eau bénite sur tout cela! Saint-Arnaud y a droit autant que Bonaparte.

Espinasse aussi attendait le coup d'État.

Le 2 décembre, dès trois heures du matin, il fut averti

que le moment d'agir était venu par M. Persigny, qui le réveilla par ces mots : « Demain, général de brigade, aide de camp du prince à trente mille francs par an ; aujourd'hui, cent mille francs que voici en billets de banque et bientôt, tout autant. A vous d'aller fermer les portes de l'Assemblée, et de prêter main forte à l'arrestation des questeurs ! »

M. Espinasse avait prévu cette visite, a-t-il raconté depuis, sur un mot que lui avait dit la veille, à l'Élysée M. Bonaparte, et sur la recommandation expressément réitérée que celui-ci lui avait faite de ne pas s'absenter de son logement avant huit ou neuf heures du matin.

Il prit le paquet de billets de banque des mains de M. Persigny, s'assura qu'il y en avait bien pour la somme indiquée, revêtit son uniforme, reçut ses instructions, et, tout en écoutant l'agent de M. Bonaparte, raffermit sa résolution par plusieurs verres d'eau-de-vie.

Le tour de service des corps alternativement chargés de la garde du palais de l'Assemblée avait été récemment changé et réglé par M. Saint-Arnaud de manière que, le 2 décembre, jour fixé pour le coup d'État, cette garde fut confiée à un bataillon du 42e de ligne. Ce régiment était, en effet, celui sur lequel les conspirateurs comptaient le plus.

M. Espinasse fit immédiatement appeler auprès de lui, non le chef, mais l'adjudant-major de ce bataillon ; car le premier n'était pas sûr, et le second l'était.

L'adjudant-major venu, M. Espinasse lui montra un ordre signé par le ministre de la guerre, ordre apporté par M. Persigny et prescrivant au colonel du 42me d'occuper,

4

à six heures un quart précises, le palais de l'Assemblée, d'assurer l'enlèvement des questeurs par tous moyens et, *en cas de résistance de leur part, de les tuer.*

« Je vais exécuter cet ordre ; puis-je compter sur vous, dit le colonel à son subordonné ? » Mais avant que celui-ci eût prononcé un mot, M. Persigny, prompt comme l'éclair, lui tendant dix mille francs en billets de banque, ajouta : « Prenez ; et ce n'est pas tout : le *prince* m'a chargé de vous dire qu'il vous nommait chef de bataillon et que sa générosité ne s'arrêterait pas là. »

Ce fut marché conclu. Le traître s'en est vanté plus d'une fois : car l'acheteur a tenu parole.

L'adjudant-major s'engagea à faire ouvrir, sous un prétexte quelconque et à l'insçu de son commandant, au moment où M. Espinasse s'y présentait avec sa troupe, la porte du palais de l'Assemblée donnant sur la rue de l'Université ; et il retourna à son bataillon.

En attendant l'heure fixée pour le coup, M. Espinasse fit appeler successivement son lieutenant-colonel, les chefs des deux autres bataillons de son régiment, plusieurs officiers, plusieurs sous-officiers choisis parmi ceux dont l'immoralité lui garantissait le concours, tous, d'ailleurs, travaillés de longue main ; et, appuyé par les arguments, sous forme de billets de banque, que M. Persigny tirait incessamment d'un portefeuille, il les enrôla dans la conjuration.

La représentation nationale, la liberté de la patrie, l'honneur du drapeau, tout fut ainsi livré et payé comptant. Ce n'était pas sans but que M. Bonaparte avait fait enlever, la veille, de la Banque et transporter à l'Élysée vingt-cinq millions de francs !

A cinq heures, la diane battit dans le quartier du 42ᵐᵉ de ligne. A cinq heures et demie, il était sous les armes, rangé en bataille dans la cour. Les sergents-majors distribuèrent 10 fr. à chaque soldat, 20 fr. à chaque sous-officier, et cette distribution faite, on se mit en marche. Les prétoriens modernes allaient commencer leur ignominieuse besogne.

M. Espinasse et M. Persigny marchaient à la tête de la colonne. Au moment où ils arrivaient à la hauteur du palais de l'Assemblée, un groupe de 40 ou 50 agents de police, sergents de ville, argousins de toute espèce, les poches garnies de pistolets et de poignards, vint à eux et, après quelques mots rapidement échangés entre M. Persigny et un des agents de M. Maupas, il se plaça devant le premier peloton du 42ᵐᵉ de ligne, avant-garde! Le poignard assassin devant la bayonnette qui devait lui venir en aide au besoin. Le sbire devant le condottière.

La porte du palais de l'Assemblée s'ouvrit au signal indiqué. L'adjudant-major gagnait ses dix mille francs et son grade.

Le palais de l'Assemblée envahi et occupé, les questeurs arrêtés et conduits à Mazas, le 42ᵐᵉ avait gagné le donatif de César, compté par les soins de M. Persigny. Il se mit en devoir de le boire et de le manger. Alors commencèrent dans les cours, dans les corridors du palais, des scènes d'ivrognerie et de débauche que nous ne voulons pas retracer, et qui furent le prélude de l'orgie qui épouvanta

Paris et déshonora le glorieux uniforme des soldats français. Cependant, dans des appartements d'où l'on voyait, d'où l'on entendait les éclats de la joie grossière de cette soldatesque avinée, deux jeunes femmes, deux mères de famille, pleuraient sur la destinée inconnue de leurs époux violemment arrachés à leurs embrassements.

M. Espinasse n'y prit garde : il recomptait ses billets de banque, pensait à ses épaulettes de général, aux trente mille francs de rente qu'allait lui donner sa place d'aide de camp du prince ; il savourait les douceurs de ses haines jalouses et satisfaites contre les généraux avocats.

VII

Morny. — Mlle de Montijo. — Sa belle-mère. — Assassinat
du général Cornemuse. — La guerre de Crimée. — La
mort de Saint-Arnaud.

Morny fut un des nombreux bâtards de la reine Hortense, et il était fils, dit-on, de M. Flahaut, sa ressemblance frappante avec Louis Bonaparte prouvait assez son origine. C'est à lui que revient l'honneur d'avoir organisé et dirigé cette bande de flibustiers, de coquins qui fit le 2 décembre. Son frère lui en sut gré et l'en récompensa en honneur et en argent.

Bonaparte, devenu une année après empereur des Français, ne pouvait continuer à mener la vie de débauches et d'orgies comme il avait coutume de le faire, il résolut de prendre femme. Il s'adressa à toutes les cours de l'Europe qui toutes refusèrent d'accepter ce misérable dans leur famille.

Il fit alors la rencontre d'une jeune aventurière dont il voulut faire sa maîtresse ; mais celle-ci, écoutant les avis de sa prudente mère, s'arrangea de telle façon que Bonaparte en fit bel et bien l'impératrice des Français.

La moralité de la famille se trouve toute entière décrite dans les lignes suivantes de Griscelli, l'agent secret dont nous avons déjà parlé.

Mouvillon de Glimes était ambassadeur de Don Carlos à Saint-Pétersbourg. A la chute de ce roi sans couronne, il s'accoupla avec la comtesse de Montijo, jeune veuve qui partageait ses convictions politiques. Ils parcoururent ensemble, accompagnés de la jeune Eugénie, l'Italie, la France, l'Allemagne, l'Angleterre, la Belgique, etc. Tous trois descendaient au même hôtel, avaient même appartément, même table.

Les gens, en les voyant passer, disaient : Le père, la mère et la fille.

Lors du mariage de leur chère Eugénie, Mme de Montijo partit pour Madrid ; de Glimes, ex-ambassadeur, devint financier. Il fonda à Chichy-la-Garenne une société en commandite, avec un capital de 6,000,000 fr., intitulée : *Produits chimiques*. Il prit la qualité de chimiste et s'empara du titre de gérant. C'était : *Produits chimériques* qu'il eut fallu dire.

Croira-t-on, et pourtant c'est la pure vérité, qu'un Espagnol, sans administration, sans employés, sans avoir une seule action imprimée, ait trouvé moyen de faire faire à ces mêmes actions fabuleuses 30 à 35 francs de prime à la cote des agents de change, et cela dans Paris.

Grâce à la fondation de cette fabrique singulière, qu'une haute protection qu'on devine aisément prit sous son patronage, de Glimes a escroqué les sommes ci-après :

Au général Schram	30,000
Au général Fleury	25,000
Au chambellan Tascher de la Pagérie	30,000
Au député Belmontet	20,000
Au député Husson	15,000
Au colonel Thirion	12,000
Au général Vaudrey	10,000
Au régisseur Gélis	10,000
A l'employé Griscelli	72,000
A l'employé Alessandri	10,000
A l'employé Bertova	5,000
A M. de Bassano	25,000
A M. de Pierre	25,000
A M. dé Lourmel	25,000
A M. de Wagner	25,000
Au banquier Vallet, passage Saunier	450,000
Au banquier Lévêque, rue de la Victoire	600,000
A l'agent de change Gouin	150,000
TOTAL fr.	1,539,000

Un million cinq cent trente-neuf mille francs !

Le jour même où l'amant de la Montijo escroqua cette somme (à l'ombre d'une presque filiale et impériale faveur), le comte Mouvillon de Glimes passa les Pyrenées et s'en alla à Madrid auprès de son ex-compagne.

Une plainte fut déposée immédiatement entre les mains de Chaix-d'Est-Ange, alors procureur général, qui la transmit à M. Camusat de Busseroles, juge d'instruction, pour que celui-ci commançât une instruction. Mais hélas! malgré la puissance des signataires lésés qui demandaient l'arrestation et l'extradition de de Glimes, une puissance plus forte arrêta toute plainte, déposition des témoins, etc., etc., en échange d'une commission de sénateur et d'un brevet de conseiller à la cour.

La jolie famille! La jolie société!

Un incident dramatique vint attrister le palais de Saint-Cloud. Une discussion s'était élevée entre Saint-Arnaud et un général de service au palais, nommé Cornemuse, au sujet de la disparition d'une somme de cent mille francs et d'une tabatière enrichie de diamants que l'empereur avait déposées sur une cheminée d'une des salles du palais. Trois personnes seulement, Saint-Arnaud, Cornemuse et le roi Jérôme, avaient pénétré dans l'appartement. Cornemuse offrit de faire la preuve qu'il n'était pas l'auteur de cette soustraction. Saint-Arnaud entra alors dans une grande colère, déchargea son revolver sur le général et le tua sur le coup. Les journaux enregistrèrent le lendemain la mort du général Cornemuse frappé d'apoplexie.

Quelques temps après, Bonaparte déclare la guerre à la Russie. Saint-Arnaud était nommé général en chef des armées et mourut à la bataille de l'Alma. Il emporta dans la tombe le secret de l'oncle et bon nombre de ceux du neveu.

VIII

Complot de l'Hippodrôme. — Complot de l'Opéra-Comique.
— Attentat de Pianori. — Son exécution. — Assassinat
du malheureux Kelsch. — Tentative de Bellemarre. — La
machine infernale de Périnchies. — La Marianne. — Arrestation dans les départements (1852-1857).

La police, qui joua un rôle considérable pendant la durée
de l'Empire, apprit tout à coup qu'un complot s'était formé
pour s'emparer de l'empereur. L'Hyppodrôme était choisi
comme lieu d'exécution. Tous les conjurés furent arrêtés
et le coup avorta.

Les arrestations opérées, la police ne pouvait rester
calme; elle rêva un nouveau complot. Griscelli nous raconte ainsi l'affaire de l'Opéra-Comique.

« La France et Paris se rappellent encore le calme parfait
qui régnait dans l'Empire français pendant la guerre de
Crimée. Tous les partis se donnaient la main pour com-
battre le côlosse russe. La police, elle, s'occupait à faire

des victimes et à semer des larmes là où l'on ne voyait que paix, concorde et travail. Elle prit surtout pour but de ses manœuvres deux grandes fabriques où les commandes de la France et de l'étranger affluaient. Par ordre supérieur, deux *espions provocateurs* durent se faire agréer comme ouvriers : l'un, Lagrange, sous le nom de Jules entra dans la fabrique Réné-Caille, quai Billy ; l'autre, Platot, sous le nom de Martin, fut agréé dans la fabrique de chaises et fauteuils en fer à la barrière de l'Étoile. Ces deux agents avaient pour consigne d'être d'une exactitude modèle dans leur travail ; ils devaient seulement faire de la politique pendant les repas et les jours de fêtes. Ils ne devaient se rendre à la préfecture que les dimanches soir, après minuit, pour y recevoir de nouvelles consignes, de l'argent et y donner leurs renseignements ; ils devaient payer à boire à ceux qui se laisseraient embaucher ; ils devaient correspondre entre eux d'une manière ostensible, afin de faire croire qu'on était à la veille d'une grande révolution, et qu'on devait se défaire à jamais, soit par l'assassinat, soit par l'enlèvement de Napoléon et de l'Espagnole. Lorsque les deux agents eurent des signatures assez nombreuses pour faire croire à la Cour et aux gens timides que les partis conspiraient, ils donnèrent rendez-vous à leurs victimes à l'Opéra-Comique, un jour de représentation par ordre.

» Leurs Majestés impériales y arrivèrent à 8 heures ; les arrestations commencèrent à 9 heures. Avant la fin du spectacle, la police de Piétri avait incarcéré cinquante-sept ouvriers des deux fabriques sus-désignées.

«De nombreuses condamnations furent prononcées, même, contre des personnes étrangères au complot. La police ne voulait pas perdre la main à ces sortes d'affaires et immédiatement le bruit d'une tentative d'assassinat sur la personne de l'empereur se répandit dans Paris.»

Un malheureux, Pianori, cordonnier de profession, arriva à Paris et se logea rue de la Galande. Ne parlant pas le français et ne trouvant pas d'ouvrage, il tomba dans une misère complète. Dans le même hôtel que lui demeurait un de ces misérables connus sous le nom d'agents provocateurs. L'espion commença par plaindre Pianori, lui donna de l'argent, lui paya à manger, à boire surtout, et pendant qu'il était ivre, l'agent l'excita contre Napoléon.

L'employé de la préfecture prit un tel ascendant sur l'Italien, que ce dernier, croyant avoir trouvé un Dieu bienfaisant, se serait jeté dans la Seine plutôt que de désobéir à son bienfaiteur qui le nourrissait et le logeait sans travailler.

Le jour de l'attentat, Pianori, ivre d'absinthe, est conduit par l'agent aux Champs-Élysées; on lui met à la main un revolver et il tire trois coups sur Napoléon.

Arrêté, jugé et condamné à mort. Le jour de son exécution, à six heures du matin, au moment où la tête de Pianori tombait dans le panier, le *Moniteur* annonçait à ses lecteurs que Hébert était fait chevalier de la Légion d'honneur pour services exceptionnels.

Pianori est le premier individu qui ait tenté seul d'assassiner l'empereur. Griscelli raconte cependant dans ses mémoires qu'un nommé Kelsch, ancien déporté, était rentré dans Paris avec l'intention du tuer Bonaparte. Griscelli fut agent actif dans cette affaire. Laissons-lui la parole.

« M. Walewski, étant ambassadeur à Londres, adressa une dépêche télégraphique chiffrée à Napoléon, lui apprenant qu'un certain Kelsch, évadé de Lambessa et à la solde de Mazzini, venait à Paris pour y assassiner l'empereur. Sa Majesté impériale fit appeler immédiatement le préfet de police, lui donna connaissance de la dépêche et lui demanda un agent intelligent, dévoué et énergique; bien que je fusse tout nouveau dans le métier, M. Piétri me désigna au chef de l'État qui lui répondit :

» — Amenez-le-moi ce soir à l'Opéra ! je vous ferai appeler dans un entr'acte....

» En sortant des Tuileries, M. le préfet me fit appeler et me communiqua les ordres de l'empereur. Je poussai un cri de joie, puis un éblouissement, pareil à ceux que j'ai eu toutes les fois que j'ai été sur le terrain et qu'il y a du sang, me prit..... M. Piétri me dit :

» — Qu'as-tu ?

» — Rien... à présent... mais dans cette affaire il y aura du sang....

» Le soir, à la fin du premier acte, nous fûmes introduits, M. Piétri et moi, dans la loge impériale. En passant derrière l'impératrice, qui occupait le devant de la loge avec Mᵐᵉ de Bassano, Sa Majesté demanda :

» — Qui est ce monsieur qui entre avec le préfet ?

» — C'est un Corse, répondit M. le maréchal Vaillant, qui était sur le derrière avec le général Espinasse.

» — Alors il doit avoir un stylet ! — et un éclat de rire succéda à ce mot de stylet-corse.

» Sa Majesté impériale, le préfet et moi nous nous retirâmes sur le derrière de la loge, sur la terrasse qui fait l'angle de la rue Rossini et de la rue Lepelletier. Là, Napoléon s'assit en nous ordonnant d'en faire autant ; il me parla en ces termes :

» — Griscelli, je suis enchanté que vous soyez Corse. Tous les hommes de cette île ont été, de tout temps, dévoués à ma famille... M. Piétri, qui vous porte beaucoup d'intérêt, m'a dit que vous joignez au dévouement l'intelligence et l'énergie. Vous aurez besoin de tout cela dans le service que nous allons vous confier ; car il s'agit d'un certain Kelsch qui arrive de Londres avec des intentions criminelles, et pour lequel il faut une surveillance extraordinaire de tous les instants, afin de savoir si ce qu'on me signale est vrai. Maintenant, il faut le trouver et ne pas le perdre de vue. Dès que vous l'aurez trouvé, il faudra me le montrer et attendre mes ordres...

» J'avais écouté sans dire un mot. C'était la première fois que le berger corse, qui n'avait jamais vu que les maquis, se trouvait en présence d'une tête couronnée. Dès que je vis que Sa Majesté impériale avait fini, je répondis :

» — Sire, il me sera très-facile de le trouver, si M. le préfet veut me confier le dossier de cet homme ; je saurais où il demeurait, son signalement, son âge et les personnes qu'il fréquentait.

» — Très-bien, dit M. Piétri, je n'avais pas pensé à cela.

» — Mais vous le montrer, Sire, je ne puis le promettre.

» — Et pourquoi ? dit l'empereur.

» — Parce que si Kelsch s'approche de Sa Majesté impériale avant que j'ai le temps de le lui montrer, je le poignarde.

» Le préfet de police, se mit à rire et Napoléon dit :

» — Diable, comme vous y allez !

» Puis se tournant vers Piétri, il lui ordonna de me donner 1,000 francs et de mettre à ma disposition, pour ce service, tout ce dont j'aurais besoin.

» — Je préviendrai également Fleury, pour qu'il mette à votre disposition les chevaux et les voitures qui vous seront nécessaires. Demain je sortirai du château pour aller au bois de Boulogne. Je serais à cheval.

» Ainsi se termina cette première entrevue que j'eus avec Napoléon III, que je devais voir de si près tant de fois. Je pensais à mon vieil oncle ; s'il avait pu me voir de sa cabane parlant à Napoléon, à l'Opéra, au milieu de tout ce que la France a de plus illustre dans les sciences et dans les arts !

» A la sortie du théâtre, nous accompagnâmes Leurs Majestés impériales aux Tuileries, puis nous allâmes à la préfecture de police y prendre 1,000 francs et voir le dossier de Kelsch, que Balestrino, chef de la police municipale, nous donna. M. Piétri lui fit croire que Sa Majesté impériale voulait le gracier.

» — Le gracier ! répondit Balestrino, mais c'est l'homme le plus dangereux que je connaisse. Le jour qu'on l'a arrêté sur la barricade de la porte Saint-Martin, quatorze agents ont eu toutes les peines du monde pour le conduire au poste. Il a fallu l'attacher. C'est un hercule redoutable....

» En parcourant son dossier, je vis : « Cinq pieds, sept pouces, stature herculéenne, homme dangereux, demeurant chez son frère, rue du Transit, à Vaugirard. Il va très-souvent chez Desmaret, même rue, restaurant où il fait la cour à la fille de l'aubergiste. » Muni de ces renseignements et de mes 1,000 francs, je rentrai chez moi pour me coucher tout habillé sur mon lit. Il était trois heures et je voulais aller de bonne heure rue du Transit, espérant y voir Kelsch ou y trouver quelques renseignements.

» A six heures, bien que nous fussions au mois de décembre, j'étais placé en face de la maison de son frère. Une heure après, une jeune fille descendit, appela un commissionnaire, lui donna une lettre, en lui recommandant de ne la remettre qu'à lui-même. Cette recommandation de la jeune fille me parut digne d'être notée. Je suivis donc le porteur de la missive qui traversa Paris et ne s'arrêta qu'à Ménilmontant. Il sonna à une maison bourgeoise. Un homme, Kelsch lui-même, descendit, prit la lettre et dit au porteur :

» — Je vous remercie. Je vais y aller de suite. Je serai arrivé avant vous.

» Sa vue sa voix, ne me firent aucune impression ; mais si je n'eus pas d'éblouissement, je remarquai, en revanche, comme de mauvais augure que nous étions un vendredi.... Comme il l'avait annoncé à l'homme qui lui avait porté la lettre, un instant après il descendit, prit la rue Ménimoltant jusqu'au boulevard du Temple, où il prit une voiture et se fit conduire chez son frère, en descendant les boulevards jusqu'à la Madeleine, la place de la Concorde, boulevard des Invalides, rue de Vaugirard, etc. Aussitôt que sa voiture ariva à la porte, toute la famille descendit précipitamment, lui sauta au cou et le fit entrer dans la maison, en renvoyant la voiture.

» Deux heures environ après, il sortit accompagné de son frère et ils se rendirent rue du Transit, 13, chez Desmaret, restaurateur. Là également on le fêta. La demoiselle surtout ne le quittait pas, et prit le café avec les deux frères pendant que, dans un cabinet attenant à la salle, je mangeais une côtelette que je payai d'avance.

» Dès qu'ils eurent pris le café, ils sortirent pour se rendre aux Champs-Élysées chez Crémieux, loueur de chevaux. Là les deux frères se quittèrent, et je saisis au vol les paroles de Kelsch.

» — La police de Napoléon est trop bête pour me trouver : elle me croit endormi à Londres. Il est inutile que je couche chez Girard, je viendrai coucher à la maison. Ne crains rien; à ce soir !

» Pauvre Kelsch, il ne savait pas que ses paroles seraient recueillies justement par un agent de police de Napoléon, chargé de ne pas le perdre de vue, et qu'avant peu il aurait le désagrément de se trouver face à face avec lui. Quoique je ne veuille pas anticiper sur les événements, j'annoncerai à mes lecteurs qu'en entrant chez Desmaret, j'eus un éblouissement si fort que je faillis me trouver mal. Était-ce un pressentiment du drame qui devait s'y jouer quelques jours après ou bien qu'était-ce ?

» En voyant sortir Kelsch à cheval de chez Crémieux, et se diriger vers les Tuileries, je courus rue Montaigne (aux écuries impériales), fis seller un cheval et me rendis place de la Concorde, où, à mon contentement, je retrouvai l'assassin chevauchant en cavalier accompli sur un cheval pur sang.

» A deux heures précises, Sa Majesté impériale, le colonel Fleury et le capitaine Merle arrivaient sur la place, en venant par la rue de Rivoli. Kelsch, qui se trouvait alors vers le pont Royal, accourut au galop au devant de Napoléon. J'étais déjà derrière lui, la tête de mon cheval touchait la croupe du sien, quand l'empereur passa près de nous. De la main gauche je tenais les rênes de mon cheval, la main droite était sur le manche de mon poignard.

» Kelsch ne fit aucun mouvement : sa mort ne devait pas arriver aux Champs-Élysées.

» Aussitôt que Sa Majesté impériale fut passée, elle prit le galop de chasse jusqu'à l'Arc-de-Triomphe. Plus de trente cavaliers suivirent avec Kelsch et moi jusqu'au lac ; là, Napoléon, voulant se débarrasser de la foule qui l'entourait, prit de nouveau le galop jusqu'à la porte Maillot. Puis nous descendîmes au pas jusqu'au pont de Neuilly et l'on rentra aux Tuileries par le parc Monceau et le faubourg Saint-Honoré. Kelsch nous quitta rue de la Paix…. Je ne répéterai pas tous les incidents que cette surveillance occasionna pendant quinze jours et quinze nuits, ce serait allonger ce chapitre déjà trop long. Mais je tiens à ce qu'on sache que Kelsch fut constamment gardé à vue : J'ai mangé à la même table, pris bien souvent le café dans le même cabinet ; à cheval, en voiture ou à pied nous n'avons jamais cessé de nous voir, et jamais le séide, tant il était aveuglé de l'idée de son assassinat, ne s'est aperçu qu'il était surveillé. Toutes les lettres qu'il recevait de Londres et celles qu'il écrivait étaient décachetées, lues et envoyées ensuite à leurs adresses.

» Sa Majesté impériale, qui m'avait appelé plusieurs fois pendant ce temps, me fit mander le 14, au matin, dans son cabinet. Pendant que j'y étais, M. Piétri y arriva pour donner connaissance d'une lettre que Kelsch écrivait à Mazzini pour lui annoncer que l'empereur serait assassiné dans deux jours. Malgré les prières du préfet de police qui voulait faire arrêter Kelsch immédiatement, Napoléon refusa, m'ordonnant seulement de changer de cheval pour la sortie, à deux heures, qui aurait lieu comme à l'ordinaire vers le bois de Boulogne.

» A l'heure indiquée, pendant que Kelsch, en casquette, bottes à l'écuyère, jaquette verte, sous laquelle il perçait quelque chose, faisait caracoler son cheval, Sa Majesté impériale et M. Fleury arrivaient sur la place de la Concorde. En les voyant, Kelsch se porta au triple galop vers eux, qui, voyant cela, prirent l'avenue de l'Étoile à fonds de train. J'eus le temps de dire aux jockeys de serrer de près Sa Majesté impériale et de ne laisser passer personne devant eux. En arrivant au bois de Boulogne, commença un steeple-chasse furibond. Murs, ruisseaux, allées, lacs furent tournés et franchis au triple galop. Les promeneurs qui nous voyaient passer disaient que le chef de l'État était ou fou ou ivre...

» Hélas! il n'était ni l'un ni l'autre... Mais il avait peur pour sa vie. Après trois heures d'une course effrénée, nous passions la porte Maillot pour rentrer aux Tuileries. En passant par l'avenue de l'Étoile, nos chevaux étaient blancs d'écume. En remontant l'avenue, celui de Kelsch refusa de marcher, malgré les éperons et la cravache de son cavalier. La vue de ce cheval qui refusait d'avancer m'inspira une idée irréfléchie et audacieuse. Je piquai des deux pour dépasser Sa Majesté impériale. En passant à côté d'elle, je saluai en criant :

» *Vive à jamais les Napoléon! l'assassin est vaincu!*

» Sa Majesté impériale se retourna et, voyant que le séide payé était resté au bas de la côte, m'ordonna de le suivre au château. En rentrant dans son cabinet, Napoléon, baigné de sueur, ouvrit un tiroir et me donna 5,000 francs en me disant.

» — Allez vous reposer; on aura besoin de vous; envoyez-moi Piétri.

» Une heure après, ce dernier venait m'éveiller rue des Moulins, pour m'ordonner de venir à son cabinet à minuit.

» Minuit sonnait quand je me présentai à la préfecture, où je fus étonné de trouver quarante agents de sûreté que le chef de la police voulait m'imposer pour arrêter Kelsch. Après une vive discussion devant le préfet, je consentis à en prendre trois avec moi, et même je dis que si l'on voulait Kelsch mort, je n'avais besoin de personne.

» Hébert, Letourneur et moi, nous sortîmes du cabinet avec mandat d'arrêter l'assassin, mort ou vif. A six heures précises, encore un vendredi, nous arrivions chez Desmaret, où notre homme venait tous les jours prendre l'absinthe ; nous y commandâmes un dîner pour six personnes. A huit heures arrivait un certain Morelli, qui venait de Londres pour assister à la curée de l'empereur ; il demanda à Desmaret où était Kelsch. On lui répondit qu'il arriverait à neuf heures. A l'heure dite, Kelsch arriva. Pendant qu'il prenait son verre, j'ordonnai à Letourneur d'arrêter Morelli ; Hébert et moi nous empoignâmes Kelsch qui, quoique nous fussions à deux, nous échappa à travers la salle à manger, le salon, les chambres et, sautant par une fenêtre, tomba en dedans du mur d'enceinte au fond duquel se trouvait une porte. Si cette porte eût été ouverte, l'assassin était sauvé, la surveillance de quinze jours était perdue. Mais nous étions un vendredi, la maison Desmaret portait le n° 13, j'avais eu deux éblouissements : il devait y avoir du sang, et il y en eût. Ne pouvant pas se sauver par la porte et sentant que son crime était découvert, Kelsch, en homme de cœur, voulut vendre chèrement sa vie. Il s'arrêta, arma un pistolet. Je fis comme lui ; nous étions à trente pas l'un de l'autre ; les deux coups ne firent qu'une détonation. Il tomba baigné dans son sang, ma balle lui était entrée entre le nez, le front et l'œil droit, et lui était sortie derrière l'oreille gauche. La sienne m'avait sifflé à l'oreille. Son complice Morelli accourut au coup de pistolet. Pendant qu'il sautait dans le mur d'enceinte, je lui cassai l'épaule avec mon autre pistolet.

» A dix heures, les deux mandataires de la révolution étaient dans la cour de la préfecture. M. Piétri me sauta au cou et courut annoncer la nouvelle aux Tuileries et aux ministres qui, à cause de la première tentative, attendaient tous avec impatience la nouvelle de cette importante arrestation. »

Pianori trouva bientôt un imitateur. Un cordonnier nommé Bellemarre, venait de sortir de Bicêtre où il était enfermé comme aliéné depuis quelque temps; il attendit l'empereur à la sortie du Théâtre-Italien et tira sur sa voiture. De nombreuses arrestations furent faites à cause de cette tentative. Quant à Bellemarre, on n'entendit plus parler de lui. Est-il mort à Bicêtre, vit-il dans quelque cabanon, nul ne le sait.

En août 1855, la cour d'assises de Douai jugeait les accusés d'un complot découvert à Périnchies près Lille. Les deux frères Jacquin étaient accusés d'avoir miné le pont du chemin de fer pour le faire sauter lors du passage de l'empereur. Mais les deux accusés s'étaient réfugiés en Belgique et le gouvernement belge refusa leur extradition.

Une émeute qui éclata à Angers fait découvrir une nouvelle société secrète, *la Marianne*. Cette société embrassait plusieurs départements du sud-est. *La Marianne* désignait la République. Nombreuses arrestations furent encore faites dans les départements à cause de cette association.

IX

Naissance de mon fils.—Marguerite Bellanger et les papiers secrets.—L'exécution d'Orsini.—Le programme du guillotiné.— La loi de sûreté générale. — Déportation en masse des citoyens.— Le préfet Pougead-Dulimbert.— Le contre-amiral Fourichon. — La guerre d'Italie.—La paix de Villafranca et les casques prussiens. — La guerre de Chine. — La guerre du Mexique. — Mort de Maximilien. — Déjà Bazaine.

Le 16 mars 1856, l'empereur avait un héritier. Les papiers secrets trouvés aux Tuileries après la fuite de cette famille maudite, laissent des doutes considérables sur l'existence de la vraie mère de celui qui fut le prince impérial. La lettre suivante, écrite par Marguerite Bellanger, maîtresse de l'empereur, à M. Devienne, semble désigner assez qu'il est question du futur Napoléon IV.

« Monsieur (*Devienne*),

» Vous m'avez demandé compte de mes relations avec l'empereur, et, quoi qu'il m'en coûte, je vais vous dire la vérité. Il est
terrible d'avouer que je l'ai trompé, moi qui lui dois tout, mais il
a tant fait pour moi que je vais tout dire. Je ne me suis pas accou-
chée à sept mois, mais bien à neuf. Dites-lui bien que je lui en demande pardon. J'ai, Monsieur, votre parole d'honneur que vous
garderez cette lettre.

» Recevez, Monsieur, l'assurance de ma considération distin-
guée.

» M. BELLANGER. »

— Dans les derniers mois de 1857, le comte Orsini, dési-
reux de voir l'Italie *une* des Alpes à l'Adriatique, avait fait
demander à l'empereur, par le prince Napoléon son ami,
de bien vouloir faire intervenir la France pour l'exécution
de ce projet. Sur le refus formel de Bonaparte, Orsini résolut de se venger. Dans ce but, il fabriqua des bombes avec
une poudre fulminante dont il était l'inventeur, et, accompagné de trois hommes dévoués à sa cause, les nommés
Pieri, De Rudio et Gomez, il attendit l'empereur à l'entrée
de l'Opéra, lança ses bombes sous les voitures de la cour.
L'explosion fit de nombreuses victimes sans atteindre celui
contre qui les bombes étaient dirigées. Le procès fut immédiatement instruit; trois complices furent condamnés à
mort et exécutés.

Quelle belle occasion pour l'Empire, pour frapper la
France d'une terreur effroyable! Espinasse, de triste mé-

moire, est nommé ministre de l'intérieur et de la sûreté générale ; on ne pouvait faire un meilleur choix.

« Le ministre de l'intérieur et de la sûreté générale commença par mander tous les préfets à Paris. Il reçut chacun d'eux en audience particulière. Voici le dialogue échangé entre ces fonctionnaires et le général Espinasse : — Vous êtes préfet ? — Oui, Son Excellence. — De quel département ? — De la Sarthe (1). — Ah ! vous êtes préfet de la Sarthe (il consultait une liste où les départements étaient inscrits avec des chiffres en regard); la Sarthe, *tant* d'arrestations. — Mais, monsieur le ministre, qui faut-il arrêter ? — Qui vous voudrez, je vous ai donné le nombre, le reste vous regarde. « Les préfets s'empressèrent de mettre à exécution ces instructions sommaires.

L'affaire d'Orsini avait prouvé, de la façon la plus irréfragable, que la France était restée complétement étrangère à l'attentat du 14 janvier. Les vrais coupables punis, le gouvernement aurait dû, semblait-il, se tenir pour satisfait ; mais la demande faite par l'empereur du dossier du procès de la machine infernale, indiquait que les traditions et la politique du Consulat et de l'Empire seraient encore suivies, et que Napoléon III profiterait de l'occasion pour frapper les républicains, comme le premier consul Bonaparte profita du complot légitimiste de la rue Saint-Nicaise pour déporter les débris du parti de la révolution.

Le Sénat ne s'opposa nullement à la promulgation de la loi, et un décret impérial, du 27 février 1858, la rendit

(1) Ou tout autre nom. (*Taxile Delord* histoire du second empire).

exécutoire sur toute l'étendue de l'Empire français. Les prisons cependant étaient pleines avant le décret et même avant la présentation de la loi. Les membres restants du *Comité de résistance*, Louis Combes, Eugène Fombertaux, Frédéric Gérard, Chardon, Goudounèche, G. Tilliers et quelques autres, furent désignés les premiers à la police. Frédéric Gérard, employé au ministère de la guerre, naturaliste distingué, était mort; les agents surprirent par leur visite sa famille encore en deuil. M. Chardon, instituteur, fut arraché à la prison par son frère, officier d'artillerie; Fombertaux fut emporté par la voiture cellulaire sans avoir pu dire adieu à sa femme; Goudounèche, maître de pension, ancien rédacteur en chef du journal l'*Avenir*, subit le même sort; M. Georges Tilliers, homme de lettres, traîné de prison en prison, tondu, rasé, jeté à la Roquette, attendit, au milieu des condamnés, dont il portait le costume, le départ de onze forçats avec lesquels il fut conduit à Marseille. Sa mère et sa fiancée étaient, pendant ce temps-là, jetées dans une prison de Nevers; M. Benjamin Gatineau, rédacteur en chef du *Guetteur de Saint-Quentin*, et plusieurs autres journalistes des départements furent arrêtés et prirent également le chemin de Marseille et de l'Afrique.

Pour donner une idée de ce qui se passa alors dans toute la France, nous citerons une page de l'ouvrage de M. C. Ténot et A. Dubort (1).

« Les voilà, ces hommes chassés de leur patrie, arrachés

(1) LES SUSPECTS EN 1858.

» à leur famille, à leurs amis, jetés dans les cachots et
» transportés en Afrique.

» Qui sont-ils? Nous ne craignons pas de le dire : ils
» sont tous d'honnêtes gens, contre lesquels nous défions
» qu'on relève le moindre délit! Médecins, avocats, offi-
» ciers ministériels, négociants, artisans, ils ne s'occu-
» paient plus de politique : qui donc s'en occupait depuis
» 1852! Ils descendaient, non pas gaiement, comme on le
» leur conseillait, le fleuve de la vie, mais laissant à d'au-
» tres le souci des affaires publiques! Ils regrettaient le
» passé, et ils s'en font gloire, mais en silence.

» Les uns étaient couchés, moribonds, sur leur lit de
» douleur ; les autres vivaient retirés au fond de leurs
» montagnes, évitant avec soin jusqu'au mot qui pouvait
» donner prise aux gendarmes. Ceux-ci revenaient, depuis
» quelques mois à peine, d'exil, de Cayenne ou de Lam-
» bessa : ceux-là étaient morts depuis des années!

» Une nuit, entre minuit et deux heures, à peu près
» partout, le jour anniversaire de la révolution de février,
» on va frapper à la porte des vivants et jusqu'aux tom-
» beaux des morts! « — Qui va là? — La police. — Que me
» veut-elle? — Tu es républicain? — Il ne m'est pas per-
» mis de le dire. — Tu l'es, tu as défendu la République en
» 1848, la Constitution et la loi en 1851. Suis-moi, tu es
» un gibier de prison, un pensionnaire désigné de Cayenne
» ou de Lambessa! viens, et suis-nous, la chaîne au cou
» et les menottes aux mains! Tu es malade? tu vas mou-
» rir? En voiture cellulaire, c'est bien bon pour un répu-

» blicain! — Mais pourquoi? — L'italien Orsini a tiré sur
» l'empereur.

» — Et toi, qui es-tu? — Vous demandez mon père?
» il est mort depuis deux ans. Mon mari? Il est dans une
» maison de fous. Mon frère? Il est aux États-Unis. Mon
» autre frère? Il est encore en Afrique, où vous l'avez
» transporté en 1852.

» — Ton père est mort? Ce n'est pas vrai, puisqu'il est
» sur la liste. Tu soutiens toujours qu'il est mort? Viens
» avec nous, il nous faut quelqu'un de ce nom.

» Et ailleurs : — Et vous, Madame, vous êtes la femme
» d'un républicain, vous êtes républicaine vous-même;
» votre mari revient de Cayenne? Allons, laissez-là votre
» mari, vos enfants, vos affections, votre ménage, vos
» occupations; suivez-nous au cachot et en Afrique.

» Et ailleurs encore : — Qui es-tu, toi? — Moi? que
» me voulez-vous? Et la fille aux gendarmes : — Que
» voulez-vous à mon père? — Retirez-vous, retirez-vous;
» nous l'emmenons en prison. Et l'enfant et la femme
» tombent étendus sans vie sur le parquet.

» Et ce colloque se continue, se prolonge, s'étend pen-
» dant des mois et dans tous les coins de la France entre
» les gendarmes et près de deux mille citoyens français. »
Le préfet, dans chaque département, prenait au hasard
le nombre d'individus fixé par ordre ministériel. Les zélés
bonapartistes, les gens poussés par des haines ou par des
intérêts particuliers, signalaient aux préfets les individus
dont ils voulaient se défaire. Quelques préfets s'y prirent à
deux fois pour compléter leur liste : il y a eu deux dé-

portations en 1858, la première du 24 au 26 février, la seconde après cette époque. Le département du Gard fut terrorisé à deux reprises différentes; M. Pougeard-Dulimbert, préfet de ce département, avait pris une part cruelle au coup d'État comme préfet des Pyrennées-Orientales. C'était un fonctionnaire tout à fait selon le cœur d'Espinasse. La femme d'un insurgé, mère depuis huit jours, ne voulait pas révéler la retraite de son mari, elle fut sans son enfant mise au cachot, où la fièvre de lait la prit; un citoyen, espérant exciter la pitié du préfet pour cette malheureuse, lui dit qu'elle se mourait et que ses seins allaient éclater : « C'est ce qu'il faut, répondit-il, son secret sortira par là. »

M. Pougeard-Dulimbert, peu de temps après avoir pris possession de la préfecture du Gard, reçut comme tous ses collègues, après l'attentat d'Orsini, un paquet de lettres de cachet signées en blanc; comme il ne se souciait pas de se mettre mal avec la bourgeoisie nîmoise, il choisit ses premières victimes parmi les citoyens les plus obscurs.

M. Eugène Ducamp (1), condamné de 1852, réfugié en Suisse et rentré au bout de trois ans sur la foi d'un sauf-conduit qu'il n'avait ni sollicité ni payé, donnait prise autant que qui que ce soit aux mesures dite de sûreté, mais il appartenait à une des meilleures familles de Nîmes. Il fut d'abord épargné. Malheureusement il était devenu depuis deux ans, à la suite de sacrifices d'argent très-importants, agent général de la *Compagnie du Phénix*, poste

_____

(1) Aujourd'hui membre du Conseil général du département du Gard.

qui lui donnait par an près de 30,000 francs de bénéfices et dont le portefeuille, propriété du titulaire, valait plus de 150,000 francs.

La place était belle! le préfet promettait depuis long-temps une place de receveur particulier au maire de Nîmes, qui, outre une promesse formelle, invoquait de grands ser-vices, entre autres celui d'avoir accepté les fonctions de maire, dont personne ne voulait. Le gouvernement l'avait décoré, c'est vrai, mais cela rapporte peu. La place d'agent général de la *Compagnie générale du Phénix* valait mieux.

M. Eugène Ducamp, deux mois après la première razzia du général Espinasse, le 21 avril vers midi, se promenant sur le boulevard, devant la porte de ses bureaux, fut ac-costé par un individu de mauvaise mine, râpé, canne à la main, col de crin, moustache grise en brosse, qui lui dit de la part de M. le préfet que celui-ci désirait lui parler. Arrivé à la préfecture, il se trouva en présence non du préfet, mais du commissaire central qui lui dit :

« Vous me voyez navré, j'ai une bien triste mission à
» remplir ; chargé de veiller sur votre conduite, je ne puis
» que vous en louer, mais il faut que quelque mauvais
» drôle vous ait dénoncé, et je suis obligé de vous arrê-
» ter. »

» M. Ducamp répondit : J'ai été appelé en audience par
» le préfet ; a-t-il voulu me tendre un guet-apens. S'il n'est
» pas un misérable, il faut que je le voie, que je lui parle ;
» c'est à lui que j'ai affaire. Le commissaire reprit : Le pré-
» fet est occupé, vous lui écrirez de la prison ; du calme.
» Le plus sage est de vous rendre tranquillement à la

» maison d'arrêt comme vous êtes venu ici, sans bruit
» fâcheux, sans esclandre.

» Je suis venu ici en visite, de mon plein gré, voulez-vous
» que j'aille en prison de même ! pour qui me prenez-vous ?
» pour un voleur ! Si quelqu'un doit rougir de tout ceci, ce
» n'est pas moi : je n'irai en prison que par la force, et j'irai
» le front haut. »

Le commissaire fit emmener le prisonnier par quatre
sergents de ville, après lui avoir remis sa lettre de cachet
signée Espinasse, et portant la date de Paris 24 avril, le
jour même où cette scène se passait. C'était donc une pièce
signée en blanc, oubliée au fond d'un tiroir et exhumée
sans motif politique.

Les gardiens attendaient à la géôle. Ils invitèrent M. Ducamp à déposer tout ce qu'il avait sur lui, sa montre, ses
clefs, son argent, et comme l'un d'eux mettait brutalement
la main sur lui pour le fouiller, il fit involontairement un
geste de dégoût et un mouvement en arrière..... « Oh ! oh !
» mon petit, dit le principal gardien, c'est comme ça !
» Allons ! allons ! apportez les petites machines, nous allons
» apprendre à ce Monsieur qu'il n'est pas le maître ici. »

Les gardiens lui mettent les fers aux mains ; un des
bracelets qu'on lui passe étreignant trop un de ses poignets,
il en fait l'observation. — « Tu t'y feras, mon bonhomme,
» ça prête ! d'ailleurs ça fait entrer l'amitié. »

Celui qui s'exprimait avec cette grossièreté avait cent
fois parlé chapeau bas au prisonnier, du temps que M. Ducamp était avocat : « En avant ! » reprit le chef, et M. Ducamp fut entraîné, bousculé à travers un corridor et jeté,

la tête en avant, dans un cachot en contre-bas de deux marches ; il tomba sur ses mains enchaînées pendant que les verroux et la serrure criaient derrière lui ; il resta accroupi à terre. En jetant les yeux autour de lui, il reconnus la cellule où, quelques années auparavant, il avait vu un misérable enfant de vingt ans, que son défenseur n'avait pu sauver de la guillotine, hurler les angoisses de sa dernière nuit ; il se trouvait à côté d'un vase cylindrique de terre grossière de 50 centimètres de haut, et d'une paillasse immonde, éventrée en plusieurs endroits, grabat du crime et de la misère, d'où s'échappait un paille concassée et pulvérulente. Il était escamoté, supprimé, il pensait à sa fortune engloutie, à sa mère désolée mourant loin de son fils. L'humidité des dalles le fit lever. Un peu avant la nuit, on glissa près du baquet, par la porte entre-bâillée, une casserole où nageaient quelques légumes et une cuillère de bois ; il regardait cela stupidement en se disant. — « Qui sait, » tu te décideras peut-être à manger de ça demain ou un » peu plus tard. »

Soutenu par la fièvre, il allait dans l'ombre le long du mur opposé à la paillasse, comptant les heures une à une. Deux heures du matin sonnèrent ; il entendit passer un camion ou quelque chariot lourdement chargé ; il songea tout de suite aux voitures cellulaires. Des pas se firent entendre dans le corridor ; sa porte s'ouvrit, le gardien-chef, une lanterne à la main, pénétra dans le cachot entre deux soldats, la baïonnette en avant, et dit : « Levez-vous, vous allez partir. » Quatre gendarmes le conduisirent à la gare ; deux brigades, l'arme au poing, se promenaient le long de l'esplanade et de l'avenue ; à la gare, il fut remis à deux gendarmes qui s'installèrent avec lui dans un compartiment spécial. Il descendait à Marseille à six heures du matin et traversait enchaîné un groupe d'employés dont plusieurs avaient, l'année auparavant, collaboré avec lui à la grande assurance de la Compagnie Paris-Lyon-Marseille, et à qui il avait à cette occasion offert à dîner ; ces jeunes gens pâlirent à sa vue et il leur dit doucement « Vous savez que je ne suis pas un coquin! »

M. Ducamp entra dans le préau de la maison d'arrêt à sept heures. Les malfaiteurs qui jouaient au bouchon, s'empressèrent auprès du nouveau venu et lui adressèrent insolemment quelques questions cyniques ; l'un deux, changeant tout à coup de ton, en voyant le silence méprisant du nouveau venu, lui dit : « Ah! vous êtes un politique, venez! vous avez là-bas un camarade. »

Ce camarade était un brave ouvrier cordonnier d'Orléans, nommé Lenormand, qui, assis sur une marche, lisait dans un vieux livre ; il apprit à M. Ducamp qu'il partait le matin même, à neuf heures, pour l'Afrique avec un autre, et que cet autre c'était sans doute lui. Aller en Afrique en redingote noire, chapeau de soie, bottes vernies et pas un sou en poche ! M. Ducamp courut au guichet : « Pardon, Monsieur! dit-il au guichetier, pourrais-je savoir si c'est moi qui pars ce matin avec l'honnête homme que voilà là-bas. » Un gendarme intervint : « Je vais vous le dire tout de suite, c'est moi qui mène le convoi, comment vous appelez-vous? » M. Ducamp dit son nom. « C'est bien ça, reprit le gendarme, nous partirons à huit heures. » L'attente ne devait pas être longue ; les deux prisonniers furent menés dans la cour, on leur mit les menottes et, par les rues étroites et noires du vieux Marseille, on les dirigea tout droit sur le port de la Joliette ; au débouché d'un carrefour, ils rejoignirent quinze individus enchaînés conduits par une brigade, baïonnette au bout du fusil ; c'était le convoi ; autrefois on disait *la chaîne*.

Un bateau à vapeur, ses feux allumés, n'attendait plus que le convoi pour partir ; le troisième jour, à l'aube, il touchait à Stora, qui n'est qu'un abri où l'on débarque avant de se rendre à Philippeville. Un groupe de déportés attendait, dans cette dernière ville, le courrier de Bône à Alger, *le Titan*, pour être déposés les uns à Djidjelli, les autres à Bougie. Ce navire avait été, quelque temps auparavant, le théâtre d'une scène ignoble : des prisonniers politiques furent, ce qu'on appelle, mis à la broche (1) sur le pont ; infamie inscrite injustement par les déportés au compte du commandant Leroux, du *Titan*, qui appliqua la même mesure aux déportés dont faisait partie M. Ducamp, mais qui le fit le cœur navré et par suite d'un ordre ajouté en marge par le contre-amiral Fourrichon, commandant la marine à Alger, ancien gouverneur de Cayenne. Le frère de M. Ducamp servait comme lieutenant de vaisseau sous les ordres de cet officier général. Voulant demander la grâce de son frère à l'empereur, il sollicita un congé pour affaire de famille. M. Fourrichon lui répondit :

_____

(1) C'est-à-dire enchaînés à la file l'un de l'autre et maintenus par une tringle de fer passée dans les anneaux de la chaîne.

« Je sais pourquoi vous voulez ce congé, vous ne l'aurez pas. »

Pendant ce temps-là, le maire de Nîmes, qui se posait comme ayant fait un voyage à Paris dans l'intérêt de M. Ducamp, disait avec mélancolie à son retour : « Le » pauvre garçon n'était pas défendable ; on m'a montré » un dossier effrayant. » La place du « pauvre garçon » était donc définitivement vacante ; rien n'empêchait cet honnête homme de la prendre pour lui. Il y fut nommé *gratuitement*, alors que des négociants très-honorables de Nîmes s'engageaient, s'ils avaient la préférence, à verser entre les mains de l'ancien titulaire des sommes variant de soixante à cent mille francs. La Compagnie confisqua le portefeuille, la propriété, la fortune de M. Ducamp et en nantit purement et simplement son successeur, sous pré-texte que le gouvernement voulait avoir un agent de con-fiance dans ce poste important par le grand nombre de sous-agents qui en dépendent.

Peu de temps après Napoléon, mettant à exécution les idées d'Orsini, déclare la guerre à l'Autriche, entre en Italie en déclarant qu'il ne remettra l'épée au fourreau qu'après avoir rendu l'Italie libre des Alpes à l'Adriatique. Joli pro-gramme qu'il ne put exécuter malgré ses victoires succes-sives. M. Bismark montra la pointe des casques prussiens et Bonaparte signa alors la paix de Villafranca.

Le peu d'étendue de cet ouvrage nous oblige à passer rapidement sur des faits qui appartiennent tout entier au domaine de l'histoire. La guerre de Chine restera célèbre par suite du triste rôle qu'y joua le général en chef Cousin Mautauban : le pillage du palais d'été.

La guerre du Mexique comporte à elle seule un volume de travail. Disons donc simplement que cette guerre, aussi insensée que criminelle, a été entreprise par Bonaparte au profit d'un banquier véreux qui avait promis de gorger d'or la tourbe de ministres qui entourait ce criminel. Maximilien d'Autriche paya de sa vie l'honneur d'avoir été empereur de ce pays essentiellement républicain.

Cette guerre nous révèla encore le bonheur de posséder un illustre général qui, plus tard, devait encore rehausser l'éclat de son nom par un acte d'infamie. J'ai nommé Bazaine.

X

Le prince Cammérata. — Son amour pour Eugénie. — Assassinat du prince. — Mlle Haussmann.

Un incident extraordinaire, que nous avons omis de signaler précédemment, s'était produit au moment de l'élaboration de la loi de sûreté générale. Griscelli raconte ainsi les faits suivants :

LE PRINCE CAMMÉRATA.

Après la formation du Conseil d'État du nouvel Empire, une séance extraordinaire fut tenue aux Tuileries, sous la présidence de Sa Majesté impériale, pour préparer la loi de sûreté générale. Un jeune membre du Conseil, d'origine italienne, prince du sang, parent du chef du gouvernement, s'éleva seul et dans une improvisation éloquente contre la loi qu'il qualifiait de loi draconienne ; son discours serré, savamment combiné, prononcé avec feu, fit une sensation extraordinaire. Le jeune prince, bien qu'il eût parlé contre tous, fut applaudi par Napoléon et par toute l'assemblée.

Dès ce jour, le prince Cammérata fut le héros de toutes les fêtes officielles, ministérielles et bourgeoises. Son esprit élevé, son savoir, ses manières de gentilhomme, sa parenté avec le potentat, sa position, son rang le faisant admirer. Mais ce qui lui avait gagné tous les cœurs partout où il s'était montré, c'était sa modestie... Les savants, parmi les hommes, recherchaient sa société. Parmi les femmes, l'impératrice Eugénie se distinguait par la préférence qu'elle lui accordait dans les fêtes des Tuileries. C'est dans une de ces fêtes, hélas ! que le malheureux prince, ayant à son bras celle qui savait si bien l'accaparer sous prétexte de parler italien, eût le malheur de dire à sa souveraine : « Je vous aime ! » parole innocente, sans doute, si elle avait été dite en secret, mais parole imprudente, parce qu'elle fut entendue des dames d'honneur. La hardiesse était publique !... Aussi la fille de la Montijo, comme une hyène blessée, s'élança-t-elle vers son époux-empereur pour demander vengeance. A l'instant même, le prince Cammérata fut livré à l'agent Zambo qui conduisit le conseiller d'État dans son appartement et lui fit sauter la cervelle par derrière d'un coup de pistolet. M. Piétri et moi, instruits de ce qui venait d'arriver, courûmes chez le prince, mais quand nous arrivâmes il était mort.

Le préfet de police se jeta sur le corps de son ami en pleurant comme un enfant. Quelques instants après, il se leva. Je n'avais pas versé une larme. Nous fermâmes la porte et nous passâmes par les Tuileries où l'on dansait encore. En entrant chez le concierge, j'appris que Zambo était rentré et ressorti quelques minutes auparavant.

M. Piétri et moi nous rentrâmes à la préfecture pendant que les assassins du prince dansaient aux Tuileries. Le matin, en me levant, j'eus un éblouissement sanguin. Une heure après, sans autre idée que celle de venger l'ami de mon bienfaiteur, je me présentai chez M. Piétri et lui demandai un passeport pour Londres. Il me regarda en face, puis me dit ces mots :

— Va, je t'ai compris ; que la vengeance ne se fasse pas attendre.

— Comptez sur moi si je le rencontre... je...

Il m'embrassa, me donna 1,000 francs. Cinquante heures après j'étais de retour ; Zambo, méconnaissable et poignardé, était couché sous le pont de Waterloo-Bridge.

Les polices de Londres et de Paris usèrent leurs limiers, mais ceux-ci ne purent rien découvrir.

Environ quinze jours après le bal des Tuileries, j'avais accompagné Leurs Majesté impériales à Saint-Cloud, et je me promenais dans la cour, quand Napoléon m'ordonna, par une fenêtre, de monter au salon. Dès que je fus en sa présence, Sa Majesté impériale, devant l'impératrice, me demanda :

— Connaissez-vous Londres ?

— Oui, Sire !

— Quand y avez-vous été ?

— Lorsque Sa Majesté impériale m'y a envoyé porter une lettre à M. de Persigny.

— Mais vous y avez été depuis. (Il me disait cela en me regardant en face.)

— Oui, Sire ! répondis-je en le regardant également en face, le jour où M. Piétri m'a donné un passeport.

— Ah ! je le savais bien : *Vendetta Corsa !* me dit Napoléon en me tournan tle dos.

Bonaparte a tout fait pour Paris ; le vieux rentier Du-Marais se perd au milieu des nouveaux quartiers qui ont surgi sous le coup de baguette de M. Haussmann.

Ce préfet à poignes et à truelle doit sa carrière au bonheur d'avoir eu deux jolies filles. La dotation Palikao, que la Chambre refusa de voter, fut un sujet de brouïlle entre Haussmann et son maître. Bonaparte avait promis de faire épouser l'aînée des demoiselles Haussmann par le fils de Montauban qui, moyennant la dotation, aurait accepté une paternité par trop anticipée. Le baron Pernetti répara tout le malheur.

XI

L'incident Hohenzollern. — La guerre de Prusse. — Sedan. — Wilhemshœhe. — Bazaine et Metz. — Le Gaulois et le Drapeau. — L'incorrigible.

Le plébisciste qui semblait accorder à Bonaparte une immense majorité, ne le satisfit cependant qu'à demi. En effet, il n'était pas difficile à remarquer que la partie intelligente de la nation protestait énergiquement par son vote contre les ignominies et les turpitudes du régime impérial.

Une diversion d'idées était nécessaire. Bonaparte accomplit l'acte le plus infâme de son règne, il déclare sans motif sérieux la guerre à la Prusse. La candidature du prince de Hohenzollern au trône d'Espagne lui sert de prétexte. La guerre commence immédiatement par les désastres de notre armée. Bonaparte vient signer à Sedan l'acte de capitulation le plus honteux que l'histoire ait jamais enregistré.

La Prusse, cependant, rendit à ce goujat de bas-étage les

honneurs dus à un souverain et l'internat dans le beau
château de Wilhemshœhe ; il y fût bientôt rejoint par un
homme qui venait presque de l'égaler en infamie et en tur-
pitude. Bazaine venait de livrer aux Prussiens, Metz-la-Pu-
celle. Les faits honteux de cette reddition ont été racontés
très-longuement dans *l'Homme de Metz*, d'Albert Alexan-
dre (1). Nous y renvoyons nos lecteurs.

Pendant la fin de cette guerre désastreuse, Bonaparte et
ses complices, dans l'espoir d'une restauration impériale,
conspirent continuellement contre le salut de la France.
Deux journaux, le *Gaulois* et le *Drapeau*, devinrent à
Bruxelles les organes de cette conspiration permanente.
Heureusement la France a ouvert les yeux et a compris
que la République seule est la forme de gouvernement qui
lui convient et qui peut la sauver des désastres accumulés
sur elle par vingt ans d'infamies.

La paix conclu et lorsque l'Assemblée nationale à l'una-
nimité proclame sa déchéance, *l'incorrigible* cherche encore
les moyens d'entraîner à sa suite l'armée qu'il a trahi et
vendu. Il adresse, de sa résidence en Allemagne, une lettre
au maréchal Mac-Mahon, prisonnier comme lui, mais qui
peut rentrer en France le front haut. (Le maréchal, il est
vrai, a commis de grandes fautes stratégiques, mais à coup
sûr, il est resté honnête homme, il n'a pas trahi.)

(1) Bruxelles, 1871. *Office de Publicité.*

Voici copie de cette lettre.

« Wilhemshœhe, 12 mars 1871.

» Mon cher maréchal,

» Au moment où vous allez rentrer en France, il est de mon devoir de vous rappeler les services de l'armée qui a si malheureusement succombé à Sedan. Il n'est pas juste que les officiers, sous-officiers et soldats qui se sont bien conduits dans les différents combats qui ont eu lieu soient privés de l'avancement et des récompenses auxquels ils ont droit.

» Depuis que je suis prisonnier, j'ai reçu plusieurs réclamations à ce sujet. J'ai éprouvé un véritable chagrin de ne pouvoir y faire droit, car l'armée de Sedan s'est bien battue, et c'est la seule qui n'ait reçu aucune récompense.

» Je crois donc qu'il vous appartient de préparer un mémoire de propositions pour les militaires qui étaient sous vos ordres et de le soumettre au ministre de la guerre à votre arrivée en France.

» Croyez, mon cher maréchal, à ma sincère amitié.

» NAPOLÉON »

Cette lettre, publiée dans les journaux au moment où la révolution éclate dans Paris, inspire au journal le Temps, les réflexions suivantes :

« Le gouvernement donne à entendre dans ses proclamations, et plusieurs journaux croient pouvoir affirmer que l'élément bonapartiste joue un très-grand rôle dans les troubles qui attristent Paris. Rien ne nous paraît plus vraisemblable, eu égard au caractère de l'ex-empereur, conspirateur émérite et aux moyens d'action dont il peut disposer encore. Mais, dans des circonstances aussi graves, des affirmations ne suffisent pas, et si le gouvernement a véritablement entre les mains, comme ses proclamations le feraient supposer, des preuves sérieuses de la participation des bonapartistes aux mouvements qui viennent de se produire à Paris, il doit, sans retard, les faire connaître. Les réticences seraient en ce moment hors de saison, et le devoir de s'expliquer, qui incombe au gouvernement, est d'autant plus impérieux, qu'il suffirait sans doute, pour éclairer Paris et la France, de montrer dans les événements qui s'accomplissent, la main de l'homme de décembre, qui fut aussi, nul ne le conteste, le complice de juin.

» Quant à nous, sans avoir autre chose que des défiances et des pressentiments, nous croyons que le bonapartisme est loin d'être inactif en ce moment. Et si nous avions pu conserver encore quelques doutes à ce sujet, la lettre insérée solennellement, hier soir, en tête des colonnes du *Peuple français*, les aurait certainement dissipés.

» Il est impossible de ne pas remarquer que, lorsqu'il y a moins de huit jours, l'homme de Sedan écrivait cette lettre ridicule, il ne pouvait avoir d'autre but que de se créer, parmi les prisonniers qui rentrent en France, une popularité de mauvais aloi, popularité que les derniers défenseurs de l'Empire cherchent à exploiter au moment même où la capitale est profondément agitée. »

Oui, ce monstre, ce vieillard conspire encore, il conspirera toujours. Il trouvera toujours des complices qui viendront se grouper autour de lui pour essayer de sucer encore un peu le sang et l'or de la France. Veillons sur notre salut car le bonapartisme a encore ses *infâmes* debout, prêts à nous étreindre par tous les moyens, même les plus criminels.

FIN.

TABLE DES MATIÈRES.

———◦◇◦———

Explication indispensable au lecteur.

www.ingramcontent.com/pod-product-compliance
Lightning Source LLC
Chambersburg PA
CBHW060636100426

42744CB00008B/1656